非同凡想

从深度价值投资的底层逻辑出发

张延昆 ◎ 著

《非同凡想：从深度价值投资的底层逻辑出发》，从"想""观""信""行""顺""悦"六大维度进一步梳理和凝练投资思维，试图寻找到使普通投资者能通过思想认识提升达到投资策略的升华的路径，并最终达到财务自由的目的。为了能持之以恒地将好的理念付诸实践，必须树立正确的投资观、人生观、价值观，这样才能在对的投资道路上积攒足够的投资"自信力"，并在对优秀企业充满丰沛"他信力"的同时，将自己的投资计划付诸"行"，再理顺投资系统，理顺身心，"慢慢"累积，方可有耐心地走向投资复利之路。

图书在版编目（CIP）数据

非同凡想：从深度价值投资的底层逻辑出发/张延昆著. —北京：机械工业出版社，2023.10

ISBN 978-7-111-74048-3

Ⅰ．①非⋯　Ⅱ．①张⋯　Ⅲ．①投资－基本知识　Ⅳ．①F830.59

中国国家版本馆 CIP 数据核字（2023）第 207679 号

机械工业出版社（北京市百万庄大街 22 号　邮政编码 100037）
策划编辑：李　浩　　　　　责任编辑：李　浩
责任校对：曹若菲　陈　越　责任印制：张　博
北京联兴盛业印刷股份有限公司印刷
2024 年 11 月第 1 版第 1 次印刷
145mm×210mm・9.125 印张・3 插页・168 千字
标准书号：ISBN 978-7-111-74048-3
定价：88.00 元

电话服务　　　　　　　　网络服务
客服电话：010-88361066　机 工 官 网：www.cmpbook.com
　　　　　010-88379833　机 工 官 博：weibo.com/cmp1952
　　　　　010-68326294　金 书 网：www.golden-book.com
封底无防伪标均为盗版　　机工教育服务网：www.cmpedu.com

推荐序

为中国价值投资大厦添砖加瓦

北京金石致远投资管理有限公司 CEO　杨天南

我从当年第一次知道巴菲特起,如今算来已近 30 年之久。2023 年 11 月末,投资界众人敬仰的"巴芒"中的"芒"——芒格老先生安详去世,享年 99 岁。张延昆先生新书《非司凡想:从深度价值投资的底层逻辑出发》的出版,也算是以另一种方式深切缅怀心中的偶像。

我与张延昆先生相识已经有些年头了,常有微信往来,并与其沟通投资观点与心得。我们虽然都住在北京,但见面不多,因为他住在北京之东,我住在北京之西,北京实在太大了。

作者网络大名是圈内人尽皆知的"佐罗",此次他将 20 年来总结的投资心得整理出版,算是将自己投资"绝世武功"的秘籍公之于众,为构建中国价值投资大厦起到添砖加瓦的作用。

提起价值投资,业界公认的鼻祖是本杰明·格雷厄姆,以其巨著《证券分析》问世为标志,价值投资至今已有几十年历史。格雷厄姆被后世推崇的另外一个原因,是他的学生成名、成家者甚多,其中最为著名的是沃伦·巴菲特。

巴菲特凭借其掌控的旗舰伯克希尔长期位居美国富豪榜前列,如今他以 93 岁高龄、跨越周期的投资历程一再证明了:股票投资确有大道可寻。在这条大道上,股票作为投资标的被视为企业的一部分，而不仅仅是炒买炒卖的对象。在这条大道上，买入之时留有安全边际、在能力圈内决策、利用"市场先生"的情绪做逆向投资等，这些原则的正确性在长期实践中已经得到充分的验证。

有人曾经问巴菲特："你的投资方法这么好，为什么没有多少人学？"巴菲特回答："因为很少有人愿意慢慢变富。"的确如此，这也从另一个侧面反映出投资成功的不易。人们常言"知易行难"，但在投资这条道路历经磨难之后，我认为如果用一句话形容的话，那就是投资是一件"知不易、行更难，知行合一难上难"的事。

在过去几十年中，关于价值投资的书籍数不胜数，是国内的相关著作也日渐增多。张延昆先生的这本新书，分为六章，具体包括估值、选股、仓位、风控、卖出，从理论探讨到心境磨炼等内容。

对于在价值投资前加上"深度"二字，张延昆先生认为这可以使得价值投资更为形神兼备，从"形"——按照价值规律做投资的策略必要性，到"神"——投资利润追求的确定性。他将这样的形神兼备的价值投资形式命名为"深度价值投资"。换句话说，就是在以下几个方面要求具有苛刻的深度。

（1）基本面深度：在定性分析和实施苛刻基本面审查的基础上选股。

（2）价格深度：在比较确切的安全边际基础上打折买入。

（3）思想深度：具有较高的价值投资思想境界和认识水平。

（4）策略深度：利用严谨的全方位仓位管理策略，保障组合投资的整体业绩。

必须承认,他的这种对于价值投资的个性解读,在业内的确是独树一帜的,为有意学习价值投资的后来者提供了一条思路。

在投资的现实中,随着人们认知的演进,在价值投资的名称之下,又分化出各种各样的方法,如保守价值投资、真正价值投资、纯正价值投资、价值投机等,不一而足。方法如此之多,以至于有心研究价值投资的大众反而被弄糊涂了。

反观人们崇敬的大师如巴菲特和芒格,他们似乎从来不在意是否有价值投资这个标签。倒是巴菲特说:"如果不进行有价值的投资,难道我们要进行无价值的投资吗?"以富有智慧著称的芒格老先生更是一针见血地指出:"所有靠谱的投资都是价值投资。"

总之,尽信书不如无书,广大读者应该广征博览,最终结合自己的情况,找出合适的投资成功道路,因为每一片树叶都不会完全相同。

这本书是《静水流深:深度价值投资札记》的延伸,这么多年过去,张延昆先生以亲身经历证明了自己不是"风一阵、云一阵就散了"的风云人物,感谢他带来的这本投资攻略,感谢他有心带着我们翻山越海去领略投资的风景。

前言

想看好风景，就要有越海翻山的决心

我的第一本关于深度价值投资的书籍《静水流深：深度价值投资札记》（以下简称"静静"或《静水流深》）出版以来，深受投资者朋友的喜欢，大家通过对"静静"的学习，了解了深度价值投资基础的"知""行""境"，我们可以由此作为开始，将其作为股票投资的基础。因为这些策略被我 20 多年的投资实践所证实，因此我认为熟读这本书，并将其中的方法运用到具体投资中去，就可以迈过深度价值投资的门槛，这是投资上的光明大道。但我要提醒诸位的是，坐上了价值投资"宝座"，不见得就一定会获得长期满意的复利收益。我们要真正做到通过投资实现财务自由，让自己"逆袭"成功，不是简单地懂得价值投资基础知识就够的，还需要做进一步的学习阅读，要做好进一步思想腾飞和理念升华的学习。

于是，我琢磨在掌握了"静静"的理念和实践基础上，从深度价值投资的底层逻辑出发，进一步梳理和凝练投资思维，试图寻找到使普通投资者能通过思想认识提升达到投资策略升华的路径，并最终能达到财务自由的目的。如果要达到财富规模的更高层次，我们势必要通过不凡的投资"顶层"思维设计，还要拥有最为宏大的理想以及远期计划。为了能持之以恒地将好的理念付诸实践，我们必须树立正确的投资观、人生观、价值观。这样才能在对的投资道路上积攒足够的投资"**自**信力",并在对优秀企业充满丰沛"他**信**力"的同时,将自己的投资计划付诸"**行**",再理**顺**投资系统,理顺身心,"慢慢"累积,方可有耐心地走向投资复利之路。最终经过延迟满足,经年累月达到财务自由,获得投资的终极目的:人生的喜**悦**、踏实和幸福感!

这不是仅仅靠掌握了深度价值投资的最基础的理念和方法就可以实现的,我们还必须在自我投资境界上有所升华。我把投资的境界大致分为以下三层:

第一层境界是投资于金钱,即投资是投资者设定的金钱游戏。

第二层境界是投资于人生,即投资是人价值观和人生观的体现。

第三层境界是投资于思想,即投资是投资者思想认识和哲学智慧结晶的集中体现。

因此,本书用六个关键字"想""观""信""行""顺""悦"展开对"静静"的全面升级!

最好的投资方法,必定会带来最好的投资结果。最佳的投资必然是丑小鸭变为白天鹅的"逆袭"过程,是一个从极度冷落到一个极度追捧的过程。当然,这也需要投资者具备能够承接完成"逆袭"的性格,要克服很多常人难以克服的诸多厄难。市场上很多人都是短视的,看到了眼前的困境,看到了眼前的下跌,马上产生一些短期的恐惧联想,随即会出现情绪的剧烈波动,比如2021年底到2022年初,很多人争先恐后地离开了核心资产好的赛道,甚至对企业失望至极,市场剧烈波动,短期内企业并没有多大经营变化,就是因为短期趋势变化造成大家情绪的激烈变化。但是纵观长期市场大趋势，强者恒强应该是未来各行业发展的大趋势，未来马上就会扑面而来，现在很快会变为过去，保持乐观主义精神，不预测细节，只与优秀的人、优秀的企业在一起就很好，就感到很舒服。

所以，我在"静静"中提出"持股守息，等待过激"八字诀，就是告诉大家要尽可能与最优秀企业为伴。其实十分过激的位置也不用预测，一生中也遇到不了几次十分过激的场面，出现了我们再进行分批交易就行。那么大多数情况下，我们持最好的股票，守最温暖的股息，安安静静地与我国顶级企业在一起。如果能深入这一层，那么就是我们理解的投资全部了。

我们要知道，即便努力做好价值投资，也不能保证每段时间都赚钱，但是我们是在寻找长期确定性，有了长期确定性，长期累积较丰厚利润的概率就比较大。有人说开始从事价值投资，为什么半年一年过去了没有啥收获？我们分析价值投资收益影响主要是以下三要素：

第一，注重安全边际，以合理价格买好企业。

第二，长线持股，买股票就是买企业，分析企业未来，忽略短中期波动。

第三，注意防范风险，组合投资，注意性价比变化。

不过，长线投资不要在乎近期的投资收益水平，只要企业发展的"成长轨道"不变，收益仅是或早或晚，但迟早会实现。如果不注重以上三要素，做的是不确切的价值投资，虽然我们跟上了同样的股票，但只是趋势跟从或是跟风投机而已，长期收益自然会有很大折损。

前言

投资和人生进步的第一阶段是学习和成长的升级，不断做加法；第二阶段就是在精简、精练做减法。为什么投资大师都说40岁之前没有价值投资，因为真正的价值投资是从做减法开始的。投资思想系统完善，必须经过加法的碎片式累积，然后全面总结和整理，形成个人的投资思想价值观，逐步整理出自己的投资系统和操作原则。后期这种升华就是在做减法的过程。

价值投资收益不理想的重要原因是：选股没有精益求精选择顶级企业，以及换股交易频繁等。

在不断总结和反思基础上，一路持有好企业是需要投资信念的。信念和追求是十倍股坚守的动力。有些人说："一些牛股，一些数倍股、十倍股，可遇而不可求。"我不赞同这个说法，因为大家应该知道十倍股必须是从自己最初的研究发现，到买入不断持有，最后获得数倍或者十倍，这是一个清晰可辨的逻辑发展过程，又是一个很漫长的过程。这期间需要我们具有坚强的持股毅力和对企业发展成长的高度信任，这个过程也是对我们过往的人生观、价值观和所有认知进行全面考验的过程。这样的一个过程不能简简单单靠一次偶然相遇就能完成，"相遇潜力好股票"是一瞬间或者是一个短暂的过程。偶然的相遇可能很简单，如果我们没有做好长期相守的准备，就不会收获企业长期成长带来的"汩汩"红利。如果我们把一个十倍收益的原因说成是某次相遇，可能也就是短期与它碰过面，并没有长期坚守的决心，那么我们有极大的可能仅仅与十倍的巨大利润擦肩而过。

我更相信巨额的利润最终是靠自己的信念和追求得到的，并不是靠某次相遇或者偶然的一次擦肩而过得到的。没有信任就没有坚持的理由；没有毅力，信任就会变成一场空谈。尤其是在大盘遭受重创时，很多人会慌不择路地出逃。虽然下跌由多种原因导致，但无论何种原因，最可怕的就是恐慌本身，大跌后最可怕的就是以为还会有深不见底的持续大跌。好企业与国家和人民生活并存，未来发展可期，我们应该抛开市场扪心自问："汝今能持否？"我们穿越股海，好不容易遇到顶级优质企业——未来有望成就我们的金山银山，怎么能轻言放弃？持股守息并不容易，没有眼界和志向，只想着一口气图个刺激，永远不会看见最终的美丽风景。

在这个世界上总会有那么几个怀揣理想、对岁月较真，并执着坚守、特立独行的人，想看好风景，就要有越海翻山的决心。如果投资成功那么容易，那么还要我们这些价值投资者做什么？

目录

推荐序

前言

第一章　想：思想是成功的基础 / 1

　　第一节　树立投资成功思想的原动力 / 2

　　第二节　校准思想方向 / 24

　　第三节　找对思考路径 / 36

　　第四节　学会修正与提升 / 43

　　第五节　深度价值投资的底层逻辑 / 54

　　第六节　心无旁骛方能大有所成 / 73

第二章　观：建立正确的投资视角 / 79

　　第一节　建立投资"三观" / 80

　　第二节　建立正确的投资视角 / 88

　　第三节　只盯住最优质企业 / 117

第三章　信：建立诚信，充满自信，培养"他信" / 133

　　第一节　诚信力 / 134

　　第二节　自信力 / 141

　　第三节　他信力 / 148

第四章　行：深度价值投资攻略 / 157

　　第一节　构筑简单的策略体系 / 158

第二节　做好充分准备，提前列出计划单　/ 161

第三节　买入决策的五步法　/ 163

第四节　五大布局参考指标　/ 167

第五节　发现、跟踪买入股票的方法　/ 171

第六节　静待过激：价值投资最基本的交易法则　/ 179

第七节　价值投资的核心持股策略　/ 184

第八节　卖出法则：三步取利法　/ 203

第九节　构筑能够实现资产"逆袭"的组合　/ 208

第十节　看清大方向才有好未来　/ 220

第五章　顺：理顺系统、心态和周边环境　/ 235

第一节　理顺系统　/ 236

第二节　理顺心态　/ 245

第三节　理顺环境　/ 250

第四节　做减法，累积优质股股数　/ 257

第五节　跳出股市去学习、思考、游历　/ 263

第六章　悦：做最好的自己　/ 265

第一节　投资三境界　/ 266

第二节　忽略市场，投资过程越快乐，越容易有收益　/ 268

第三节　信任和陪伴是决定能否成功的重要素质　/ 270

第四节　战胜自我：设定高目标，不断努力在路上　/ 272

第五节　哲学意义：长期投资者的贡献　/ 274

后记　/ 277

第一章

想：思想是成功的基础

第一节　树立投资成功思想的原动力

一、要么平庸，要么痴迷

我们想要靠投资铸就一生的辉煌，就必须明白顶尖的价值投资者和普通的价值投资者的差距在哪里？很多人的答案无非是："除了运气之外，思想和行动有不同。"是这样的，但是不知道大家注意没有，在思想和行动之中，成功者总会自始至终被一种"无论如何也要成功"的信念和魔力所感召，这种被成功召唤的信念和魔力会化作我们精神上的痴迷与疯狂。对于成功者来说，这种痴迷与疯狂就是对投资真相无尽的追求，对长期确定性收益空间扩大的不断精进研究。

巴菲特一生都活在自己的兴趣里，这样导致他能"跳着踢踏舞"去上班。1949 年，他大学毕业后，在图书馆里看到了格雷厄姆的一本书——《聪明的投资者》，"就像看到了一道光"，格雷厄姆成了他的"灯塔"，于是一年后，他去了格雷厄姆任教的哥伦比亚大学读书。想要在哥伦比亚大学跟格雷厄姆拜师学艺不是一件容易的事情，他一开始并不顺利。三年间他不间断地对格雷厄姆进行"书信骚扰"，拿出自己的成绩，畅谈自己的想法。格雷厄姆感受到巴菲特不仅执着坚持梦想，还是个专业的能手，最终让他如愿以偿。毕业后，巴菲特提出免费为格雷厄姆工作。在跟随格雷厄姆工作的那几年，巴菲特的能力提升很快，积累了很多实用经验，也对投资之道有了系统性思考，为今后成为著名投资家奠定了坚实的基础。他们一直都是很好的朋友，而且他们交往不久，巴菲特就把自己第一个儿子起名为：霍华德·格雷厄姆·巴菲特。

巴菲特的成功就有赖于他在年轻时候很幸运地找到了好的导师，但更重要的是，他的这种对投资"疯魔"般的精神。

"不疯魔，不成活"，我在此处特指敬业精神，但为什么要这么全心全意对待自己的毕生事业呢？因为此处同样也有敬畏生命、珍惜有生之年、努力创造价值、获取人生最大快乐的意味。就比如我做价值投资，不断思考，并且在自媒体上不断念"投资经"进行修炼精进，一做就是十几、二十几年，这些东西都融入我的血液里了。浓烈的兴趣让我坚持了这么多年，换成别人，如果毫无兴趣地强迫进行投资，肯定不会坚持到今天。确实如此，所以我把投资看作人生的一场修炼。因为这背后需要巨大的承载力，肯定是常人所不能及的。

但人生就是这样，要么享受平淡、慵懒而无聊；要么就痴迷、疯狂而奋起。只有努力，才有源源不断的快乐音符跳动起来，这才是我们想要的人生节奏，想要的生活背景音乐。这让我体会到：要做毕生的事业，只有达到一种"醉"倒在其中的境界，才可能督促自己不断去思考升级，才能把事情做到尽善尽美，自己也不断会有美轮美奂的极致收获。古往今来，各行各业能成就一番大作为者，大多都是进入了常人难以企及的"疯魔"境况，因而才能鹤立鸡群，铸成大业。

成功的投资者无疑是最痴迷于赚钱游戏的一群人，他们会想尽一切办法为自己提升赚钱空间，而不断努力学习和思考。我在《静水流深》中，谈到了价值投资的"知"与"行"，对于我们了解深度价值的基础知识有了一定的帮助。但是在我做价值投资20多年时间里，遇到过很多坚持价值投资理论的践行者，虽然投资理念无比坚定，但具体实施起来，其长期业绩并不是很理想。于是，我结合自身从几千元入市到能做到职业投资的过程，对比了大多数成绩很平庸的价值投资者，找到同为价值投资者业绩差距甚大的一些原因，这是创作本书的重要原因。

所以，我下定决心，做最好的价值投资，一定要让价值投资的长期业绩真正跑起来，实现"鲤鱼跳龙门"般的资产增值。以下粗略总结造成同为价值投资者，业绩相差悬殊的五个原因。

（1）选股。精益求精思想，**一定要痴迷地选择最具有未来前景的企业，至少是十倍股的选择。**

（2）买入。必须等待顶级企业出现困境或是年度大跌之后才进行布局。

（3）持有。做绝决的长线持股，持有时间至少5～8年，甚至更长。

(4)不卖之卖。抱着永不卖出的心态持有，除非出现过激高估，很有把握能在更低位置买入更多股数。

(5)格局。买股就是买企业、买国家大势，做到"与股共融，与国共荣"的格局。

要做出"非同凡响"的投资，必须在理念认识上"非同凡想"，因为我们所知依托于自己所想，所想能丰富所知，想要出类拔萃，必定有自己特殊的思想旅程，有特立独行的实践过程。

比如，当年纽扣大王伟星股份上市初期，我通过对其上市招股说明的研究，以及对处在漫漫不见光亮的市场低迷时期的观察，断定有可能见到了巨大的价值机会。于是接下来我痴迷逛街，穿梭在各大中型服装店，尤其是夏季过后，当拉链服装上市后，我基本上把遇到过的品牌以及拉链都看看，在头脑中对国内外拉链都有个印象，并且感受到伟星股份的 SAB 拉链对于中端品牌的占领和对一线高端品牌的挑战。它不仅对国内拉链当时老大位置的浔兴股份有挑战，还对 YKK 拉链高端品牌不断进行了挑战。在我对品牌的痴迷研究中，也有很多拉链辅料领域的从业者给我了很好的信息，比如列举了伟星股份业务员的神勇、抢订单能力很强等，通过2004—2007 年的跟踪研究布局，我获得了三倍以上的投资收益（见图1-1）。

通过伟星股份的研究布局，为我后来研究同是伟星集团旗下的伟星新材提供了一个颇具好感的基础。从图1-1看，伟星股份虽然上市初期布局新赛道，"成长加速+估值恢复"，在基于服装辅料的整体消费空间不足和地位不强的情况,它是一家长期缓慢增长的企业,但我们再来看看同一集团下的伟星新材,就会发现和它的成长性大不相同了!

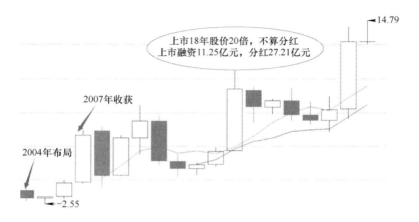

图 1-1　伟星股份上市年线图(前复权)

伟星新材在 2010 年上市,由 50 亿元市值发展到 2021 年年底的 362 亿元市值,10 年时间 6 倍多市值增长,分红高达 48 亿元,其所在的家装建材管件以及拓展防水净化等领域,未来发展潜力巨大(见图 1-2)。

可以看到,买股票就是买企业,我们一定要将企业熟悉到几乎和自己的一样,才能体会其未来的发展命脉。也只有沉浸式研究,才可能确切把握企业未来,只有对标的企业进行抽丝剥茧般的痴迷研究,将买股票彻底落实到买企业,与企业融为一体,我们才有可能清晰持有未来的潜力股,才可能有信心实现真实的目标收益。作为一个投资者，不见得比企业管理者更容易。投资者除了要具备企业管理者的战略思想和发展趋势的研判外，更需要站在投资的角度衡量每一笔交易的预期盈利空间，更加客观预判企业未来前景、风险或是惊喜。

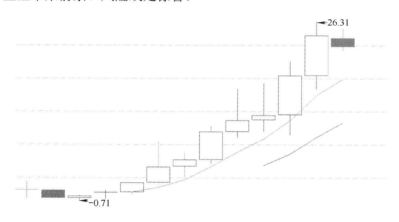

图 1-2　伟星新材年线图（前复权）

二、找到"灯塔"，确定目标

巴菲特在 11 岁时对股票的兴趣已经很浓厚了，开始小规模购买股票，研究股市行情，前文说过在他阅读了格雷厄姆的《聪明的投资者》之后，开启了漫长的价值投资之路，这本书仿佛是一盏明灯指引着他的前进道路。我们国内 A 股市场从开启以来，由于一开始股票市场容量小、炒作风气浓厚、没有正确的投资理念作为引导等原因，股票投资者被冠以"炒股者"的"恶名"，缺少专业理性的"投资家"可以作为投资灯塔式的人物引导。

非同凡想 从深度价值投资的底层逻辑出发

在价值投资理念传到国内之后，随着国内股票市场日渐成熟，我们也逐步确立了正确的投资理念，树立了自己的投资灯塔。海外的一系列价值投资大师，如巴菲特、芒格、施洛斯、林奇、费雪等，一一涌入眼帘，他们的投资思想滋润着广大国内价值投资者。另外，价值投资就是企业基本面的投资，价值投资者总爱多看看基本面资料，多思考，还原企业的发展历程。有很多优质的上市公司，不仅成长性好，常年分红也不错。其实，在这些上市公司中，最中坚的力量就是我们的投资灯塔，在给我们指引着未来行程。虽然投资者的出身和天赋差异很大，但无论是谁，可以用投资点亮自己的人生，点燃对最高生活品质和财务自由的向往，因为股票市场可以让我们如此近地接触最优秀的企业和最优秀的人。

我们可以轻松地以一百股的分量直接参加股东大会，与业界的奋斗精英们面对面，领略他们的气质和胸怀。回头看行业龙头明星企业这么多年的市值扩张情况，如果我们能一直跟上，也都是收益不菲啊！但是如果我们手握大把现金或其他资产，对这些优质企业的持股量真的很少的话，就会汗颜，因为我们错失了跟随优秀企业不断进取的大好时机，错过了一段谱写财富传奇的最宝贵时段（见图1-3和图1-4）！

因为在好赛道里的优秀企业中，未来强者恒强的概率依然较大。如果我们将优秀的企业作为自己投资组合的首选，最终财富天平还是会向我们倾斜。

第一章 想：思想是成功的基础

图 1-3 福耀玻璃年线图（前复权）

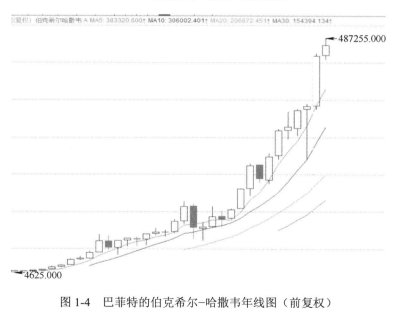

图 1-4 巴菲特的伯克希尔-哈撒韦年线图（前复权）

投资追求模糊的正确，支持投资交易的逻辑数据不用非常精确，但必须保证选择的方向是大概率正确。方向由谁决定？一定是有决断能力的，并且能够不断披荆斩棘、奋勇向前的企业领头人和管理层！因此，在投资中，定性分析在其中起着举足轻重的作用，如果我们能不断跟踪这批优秀的人，了解他们的秉性，才有可能铁了心跟定他们。跟定了一群最好的企业，就等于跟上了我们祖国日益昌盛的未来发展之势。

投资看似是科学、财务学、统计学，其实投资多半是艺术。投资者的熏陶，也就是领略到投资巨匠和企业统帅们的影响力和管理气质，即"灯塔"的影响力和企业精神，给予我们对未来十足的信心。投资的本质就是对人或企业做长期趋势性的把握，有人说这需要多年历练，简直太难了！但我们要知道：好把握的不一定能带来好的收益。跟定好企业的动态成长看似扑朔迷离，其实未来的大趋势早已孕育在企业定性分析的内核中。

巴菲特遇到自己的"灯塔"格雷厄姆，后者指引他从年轻时代就开始进行伟大的价值投资探索；后来，巴菲特遇见芒格，又进一步优化了投资理念。那么，芒格又成为在关键航程中出现的照耀前程的"灯塔"。虽然，不是每个人都能像巴菲特这么幸运，不是每个人都能遇到点拨自己成长的大师，都有能看清上市公司的雄心；也不是每个人都有投资大师的野心。但如果我们跟上最优秀企业和优秀的人，至少在投资上不会误入歧途，至少还会有一定的财富累积。认真地研究基本面，不难发现我们本土优秀的企业家。如果我们跟上他们的企业，这几十年也一定是收益不菲的。

因此，寻找"灯塔"、寻找领头人或领头的企业在投资中非常重要。即使没有那么幸运地遇见大师，我们还有发奋学习、阅读的机会，我们还可以不断培养自己的投资情商。在如今开放的网络世界，我们还有不断阅读、学习的机会，我们还可以不断深入了解领头人如何与企业捆绑在一起，构筑了企业护城河。护城河到底有什么用呢？大致是：在没有发展问题的情况下，企业能够超越同类企业快速发展；有了不可回避的环境、行业问题或困境后，有护城河的龙头企业能快速地摆脱，然后继续恢复，快速地成长和发展。在竞争中使企业处于优势地位，无可替代，这才是护城河的真正用处。

综上所述，关于深度价值投资，从理念学习角度上看，我们要找到通过价值投资获得了巨大成功的人作为自己的榜样。从研究投资标的角度上考虑，其本质就是在寻找能作为"灯塔"的领头人或领头企业。这些人或领头企业，构筑了企业发展的文化、规章、商业模式和向上的勇气，更重要的是塑造了现代社会值得人们尊敬的消费品牌和高品质的消费习惯。企业发展到一定阶段，支撑它们前行的就是一种社会责任和企业发展的使命。这才是我所讲的深度价值投资中最重要的深度：**基本面的深度**。

我们在寻找投资"灯塔"，其不仅传递给我们正能量的财富积累思想，更重要的是照亮了我们的内心，让我们普通人的投资之路走得倍感踏实，且一路上信心百倍！

不光是财经、投资这一行，在人生的道路上，找到"灯塔"并且效仿学习也是最重要的成功法则。在投资这一行里虽然不乏极富天赋的聪明人，我就遇到过其中不少才学兼备的朋友，但他们就是在投资路上没有找到正确的前进方向，没有找到自己合适的灯塔，因此十几年、几十年还没有很好的发展。找到"灯塔"，重要的是改变自己对投资的认知，从最初的"投资市场就是金钱游戏的市场"，转变到"投资市场其实是人生观、价值观体现的市场"，最终投资就是在投一个人的思想和品行。如果我们能上升到投资思想和品行这一层次，可能就很容易找到自己的"灯塔"。

三、最羡慕谁，就要成为谁；不能成为，就加入

追求基本面的深度，应该是我们深度价值投资者的一贯气质。在我的《静水流深》中明确讲过：所谓的深度，最重要的是基本面的深度，就是寻找从基本面上发现未来具有高能量级的好企业。这是向价值投资的更深入进发！价值的更深度就是将标的交给有成长的未来，这是最有深度的价值。深度并不是指从当前的静态估值中寻找的一点点差价，而是指最有未来的公司，这个才最具有深度。

能将好的投资理念和思路一路坚持到不断有成效体现，需要投资者具备十分强大的内心，所以一定要有投资的信念做支撑。

第一章 想：思想是成功的基础

我们"70后"在小的时候大多喜欢听评书，耳闻众多古代之忠烈英雄事，又目睹很多现代烈火英雄革命战争电影。且视讯不发达，但有不少国内外传记文学，描述了各类榜样、英雄、侠客。有不少值得我们敬仰崇拜的人，他们经常会为我们低迷不振、冰冷无味的生活点一盏希望和奋斗的灯火。人生似乎在茫茫海上航行，我们确实需要海面上有一些灯塔，或像星星一样一点点微弱的光亮，来照亮许多人的思想、人生和前路。

同样，价值投资也是在和众多明星企业打交道。如果对于好企业有充分的"他信力"，对自己也有十足的"自信力"，那么股市短中期波动就不会给我们造成丝毫影响，对大多数市场价格波动我们都会忽略不计。每当震荡加剧发生的时候，就是很多市场人士开始过度思虑的时候，大家都知道"不要太关注短期的走势，做好自己的组合"，但是情绪和信心崩塌也就在分秒之间。我们敬仰投资大师，多学习他们的经验，在关键时候总会用定性分析冷静地研究企业基本面，持有一个好组合，会自然而然地拒绝关注当前的热点和波动状况。比如我们在熟知安防领域的重要性和运用广泛性之后，及时跟上海康威视（见图 1-5）。我们了解了白酒消费的坚挺以及某名酒的护城河、高毛利之后及时跟上它（见图 1-6）。这样的企业都不是一般人能在短时间内打造成功的，具有长期不可复制性，是我们日常五大场景中的领头般的存在（五大场景是人、家、手机、汽车、社交）。

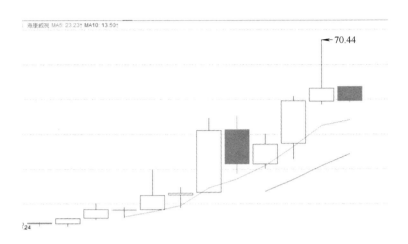

图 1-5　海康威视年线图（前复权）

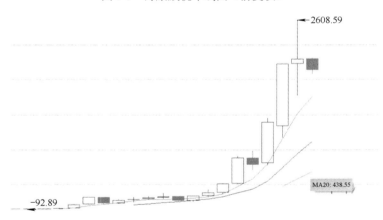

图 1-6　某名酒年线图（前复权）

看到其股价顺畅地攀升，如果我们试图躲过当前的下跌，也可能错失下次的上涨，这时候切忌自作聪明。实在没事的时候，我们可以打开持股的前复权年线图看一看，发现基本上都是10年、20年发展情况，只有3根、4根年阴线，低点、高点都在逐年不断抬高,这样的好企业,还怕什么呢?如果出现年大阴线可以不断地买入,也就是价值投资大师沃尔特·施洛斯说的:"关注那些创 12 个月低点的优质企业的股票。"我们要有逆向思维能力,千万不能对短中期的震荡过于忧虑。如果看清企业长期未来,那么在中途,该承受的一定要学会承受,需要忍耐的必须忍耐!

总之,我们只有在信念坚定,看清行业巨头"灯塔"的前提下,才有可能深切地感受到:卖出不是一件很容易、很随便的事情。丢掉顶级优秀企业前是需要深思熟虑的!我们要是对最优秀企业失去信心,换回来的现金又能去向何处呢?当今社会,不要看不起长期优质股权,在创业艰难的时候,这就是财富的源泉。

财富累积最简单的道理就是:"最羡慕谁,就要成为谁;不能成为,就加入",我们大多数人并没有成为优秀企业家的条件,但是我们至少可以通过股票市场买入他们的股票,和他们在一个战线上奋斗。从上图几个耳熟能详的企业中看出,很早期,在知道其在最好的行业成为最牛的企业时候就跟上,这一路下来收获颇丰,至少会有十倍或几十倍的收益。

从这个角度上看,企业也是一个生命体,投资的实际意义就是"跟随",跟随最优质企业和最优秀的人。

四、思想卓尔不群,收益鹤立鸡群

打开复权年线图,看企业最近 10~20 年的一路发展,这是一个长线投资者最基础的基本功,因为这里面会透露很多企业的长线发展信息。巴菲特说过:"如果一只股票你不打算持有十年,那么你连十分钟都不要看。"那么我们就打开企业年线图看看其10年、20年的发展状况。

从价格图形上看,企业可以分为四类。

1)以一定斜率顺畅向上(见图1-7)。

2)做周期性大波动(见图1-8)。

3)向下波动(见图1-9)。

4)缓慢爬升(见图1-10)。

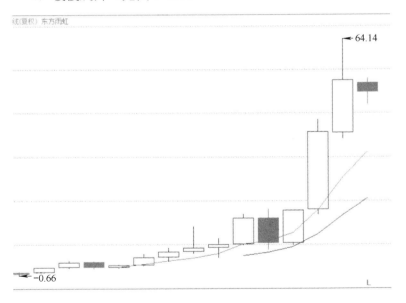

图1-7　走势顺畅向上的东方雨虹

第一章 想：思想是成功的基础

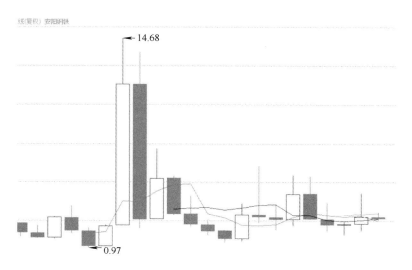

图1-8 做周期性大波动的安阳钢铁

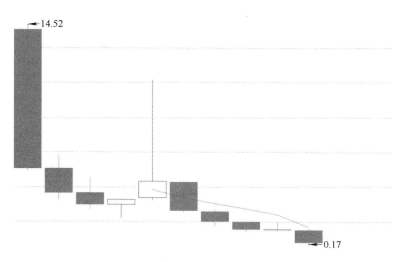

图1-9 上市以来一直向下波动到退市的华锐风电

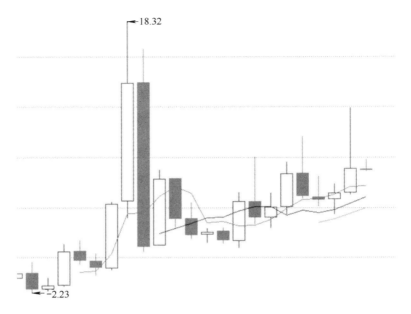

图 1-10 缓慢爬升的宝钢股份

我们只要分清楚这四类长期走势的原因,精益求精地从"形"到"神"挑选长期能穿越牛、熊市的企业,就可以做到鹤立鸡群。那么我们如何站在市场中他人无法企及的制高点来做自己投资的顶层设计呢?基本出发点有以下两个:

(1)远离众人思想,接近客观和常识。

(2)挖出长期持续走牛的本质,寻找具有确定性的企业。

五、阅读经营情况概述,跟踪企业发展

下面我们来看华东医药 2021 年 1~3 季度的一段经营概述,我把值得跟踪记忆的关键词以及内容简要列表显示,以便大家更

清晰地认识（见表 1-1）。

表 1-1 华东医药 2021 年 1～3 季度经营概述

关 键 点	关键词以及内容简要
医药变革	创新化、国际化、院外基层市场开发
业绩潜力	销售上主要产品以量换价，免疫制剂、CDMO（高端原料定制）、心血管巨大潜力，医美需求旺盛
医药商业	优化院内，拓展院外；疫苗配送、物流中心、电商平台
净利下降	扣非损益差距
未来目标	1）打造生态圈、国际化：Ashvattha 公司，医美等； 2）扩管线、提竞争；医美无创、微创发展
亮点	按季度下滑逐步收窄，新管线增长强劲，为 2022 年重回增长轨道打下坚实基础
总结	企业一步一个脚印发展；这几年集采困境正是困境布局的大好时机；放眼未来，有十倍股潜质
目标	长期持有，伺机加仓，努力增加股数，力求进入十大股东行列

优秀的人和企业大致就是这样：有野心就是下决心在行业和产品上"不拿第一，就拿唯一"（见图 1-11）。

这些都不是普通人能做的事，持有其股权和其在一起，是自己努力"破圈"的最好办法。

六、找到源动力：利他无敌，尽发一分光，尽送一分暖

从我个人投资经历可以说明：好的投资源动力，在于抓住时代赋予我们的这份幸运。我是职业投资者、文字爱好者、自媒体创作者。我最早的网名叫佐罗，当初简单的想法只是利用互联网

记录一些自己的投资过程,没承想能将投资做成事业,成立了自己的投资合伙企业和私募基金公司;我还写了很多投资文章,真实记录自己的价值投资历程也没承想很多文字汇集成《静水流深》一书,目前我正将这本书进行思想上的升华,希望两本书能帮助到大家,让自己的文字能给每一个在黑暗角落里的投资者,点盏希望灯火。

图1-11 华东医药上市年线图(前复权)

有不少人已经从我的20多年投资经历中感受到了投资以及人生的光亮,甚至还有些朋友因我散发的微弱光而照亮了他们自己的投资之路,也开始通过价值投资充实生活,累积了财富,这便是最好。从这20多年的执着当中,我感受到了自己成长的喜悦,

第一章 想：思想是成功的基础

同时也品尝到了分享知识经验的快乐。"利他无敌"成了我未来努力的方向，所以我开始不断写自己的体会和出书，以更清晰、更系统的内容来帮助初入价值投资领域的朋友们，能尽快地寻找到属于自己的价值投资之路。

看未来，我认为有两个没有收入天花板且不拘一格降人才的行业，靠耐力和个人努力就可以吃饭，就是股票投资与新媒体行业，早开始布局、早开始学习和感悟就早成功一步。我个人无论做投资还是做自媒体都拥有一样的心态：我们是持股者，我们是持股创作者。我的理念就是：念念不忘，必有回响。

我们的策略是对顶级优秀上市公司的股权进行超长期投资，动态长期持有；有一个远期目标：努力进入中国最优秀上市公司十大股东行列；长线持有最优质企业就等于长线持有我们伟大的国家未来，"与国共荣，与股共融"，进入十大股东拿住最优质股权，是我公司的骄傲，也是我个人持有者的骄傲。

低迷的市场是我们巨大的价值投资机会。不要被眼前市场行情所影响，不要被经济形势的负面消息吓倒，不要在沸腾来临之前丢掉底部的廉价筹码，不要轻易放弃伴你熬过顶峰和最低谷的优质企业；不要被目前低落行情下的惯性思维所笼罩。我们要坚信，对优质股票的逆向投资会带给未来丰厚的回报。

股价短期涨跌难以预测，市场短期波动如何，这不是我要考虑的，集中现金流在最低迷时候不断买入最优质企业是我该做的。这几年,世界经济体系处于资金极度宽松的大环境中,未来现金的购买力会大大缩水,但是优质股权市值增长却因社会滚滚向前发展,不断淹没通胀,奋勇向前。我们既不要理会三五年的业绩踏步,又不要在乎目前布局阶段的涨跌盈亏的一星半点,关键是当前的大步持续入场,且跟进合理估值偏下的优质股权。虽然我的下一个20年投资生涯肯定也不会风平浪静,但是那些最好的企业就是最好的"印钞机",它们就是我人生的物质财富,甚至是精神财富的制造机器,是为我人生挡风避雨的大树。

我们拥有与中国乃至世界最优秀的上市公司并肩携手一同成长的机会,可以拥有最具成长的股权,但是很多进入股市的投资者却放弃了这种权利和大好机会。他们把本来赋予的未来致富最佳机遇,转变为跳来跳去的频繁操作和押大押小的"赌博"行为。就是因为眼光、心态、角度、悟性等差别,导致丢掉了本来可以"逆袭",改变人生的伟大的时代机遇。学会珍惜自己所拥有的吧,不光是这个伟大机遇,还有身边默默注视、关心自己的那些人。只有我们自身强大了,才能谈得上回报、呵护周边的人,才能成为别人遮风挡雨的大树。

投资的意义就在于让社会闲散资金加入国家的商业大循环中去,让社会发展成为一个共同促进的"命运共同体"。这样,我们站在更大的投资场景和投资舞台上去想问题,站在人类未来发展大趋势上去研判最具价值的行业企业，就会更加明白的不仅仅是投资，还会明白人生的意义。

尤其是当资产达到一定程度，我们的社会责任开始逐步凸显，就会觉得人生最大快乐是"利他"，而且利他是最高级的利己，这是促成人类社会和谐发展最重要的信条。

巴菲特说过："人生就像滚雪球，重要的是找到很湿的雪和很长的坡。"这个长坡，其实就是投资者和企业管理者的利他思维，要明白的就是精准利他就是更好利己。在很多时候考虑问题，我们一定要先考虑到对方和用户的感受，"顾客就是上帝"，在我们想着给别人解决问题的同时，也是在给自己解决问题；当我们让别人笑容满面、满意而归的时候，其实我们自己也会收获内心的喜悦。在商业行为中，最高的用户体验体现了最高的利他思维，投资者应该最明白这一条，在我们选择企业的时候也非常看重这一条。我的人生奋斗宗旨就是："利他无敌，尽发一分光，尽送一分暖"。明白这一条，可能就会充分理解投资人张磊所言，"价值的核心是创造价值"和"把时间和信念，投入能够长期产生价值的事情中，尽力学习最有效率的思维方式和行为标准"。

价值在哪里，如何创造？价值就是人类社会中光和热的传递，价值就在于我们要发现"太阳"，而不是"月亮或星星"！

第二节 校准思想方向

一、"形神兼备"学习巴菲特

要学习巴菲特,我们先把他的一些持仓股拿出来,看看他选股的长期年线图(见图 1-12)。

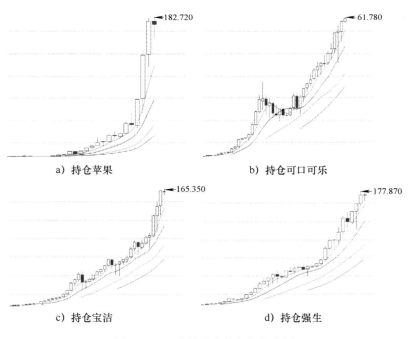

图 1-12 巴菲特持仓的复权年线图

我们先来看年线图中"形"的特点。

(1)长期穿越牛熊市,低点、高点不断抬高。

（2）年K线中阳线多，阴线少。

（3）每一次年度大跌几乎都形成未来巨大的获利机会。

打开基本面资料，我们再来总结企业"神"的特点。

（1）好赛道，投资的日用消费、医药或科技消费类企业。

（2）行业里的翘楚，经营业绩稳定，行业的领先者。

这说明距离人们基础消费越近的行业，其龙头企业越能得到持续增长。巴菲特投资的大多数是消费和医药生物，或是落地到消费行业的科技中的领军企业，并且它们在全球已构筑了稳固的行业护城河，产品的品牌知名度高、信誉良好，这些构成了企业大概率确定性持续成长的先决条件。

面对这些优质企业的股权，美元已经不是硬通货，这些顶级优质股的股权才是真正抵御通胀的硬通货。它们的股价不断上涨，一是说明了企业经营地位稳固，二是说明美元超发后的价值不稳定和疲软，所有者们急于将美元换为优质股权，找到更硬通的替代品来不断保值财富。

美股指数强，强在核心资产不断向上；强在代表美国的股票上行；强在企业能代表美国，说明有一定护城河；强在美国很多资金主要囤积在证券期货市场中，而非其他高耗能粗放式的产业中。未来中国也是如此，独角兽、行业龙头占领了最优质资源、最有活力，最具护城河的企业，最佳赛道中的龙头企业就是指数的中坚。在这里，我认为的好赛道，即符合人类社会生产生活的需要，促进民生的最佳行业！

美股中重点优质企业的股权几乎都掌握在领航集团、贝莱德集团等几家大金融集团手里。随着我国金融资本的不断发展，机构投资者也会出现这样集中持有最优秀企业的情况，而那些边缘行业和行业中的二、三流边缘企业，有可能逐渐被大资金抛弃，大概率会造成价值长期无法修复的可能。

二、找到最佳投资标的的"神"

我们先从行业指数上来观察，挑选出三个常年走势最佳的行业指数：全指消费、全指医药和科技100，我们来看看是不是如之前看到的优秀个股的"形"，一样从容不迫地不断攀爬上行。

全指消费指数从最低点839到我截稿时的19634点，在18年里一共上涨22.40倍（见图1-13），而且近一年处于大跌中，这是否是新的布局开始？

全指医药指数从最低点760点到我截稿时的11842点，18年一共上涨14.58倍，之前一年多处于下跌中（见图1-14），这是否说明出现新的布局机会？

科技100指数从最低点983点到我截稿时的3851点，11年涨2.92倍，目前处于下跌中（见图1-15），是否有未来长线动力？

这样，通过分析简单的行业指数的长期走势，我们首先可以弄清楚什么行业容易出现穿透牛熊市的长期大牛股。在归类站好

第一章　想：思想是成功的基础

队之后，我们再从最好的行业中选择顶级行业龙头企业，具体这些企业有什么特点呢？

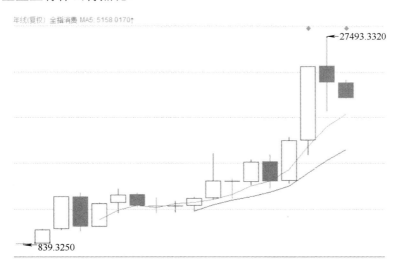

图 1-13　全指消费指数

图 1-14　全指医药指数

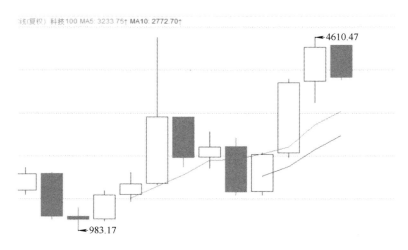

图 1-15　科技 100 指数

从"形"上看它们具有：长期穿透牛熊市的能力，因此它们的年 K 线总会以一定斜率并且以低点、高点不断抬高的形式持续向上攀爬。很多优秀股票在 10 年、20 年内仅仅有少数几年回调，而且那些大幅回调的年份就成了最好的布局机会。这是我们从长期 K 线图上看到的情况。

我们再从"神"上看，即从企业基本面上定性研究这些优质企业的特性，那就是看"三端"。

（1）企业端。查看企业历史经营财务指标，比如毛利率、净资产收益率等，发现持续优异而且表现突出；在企业管理层综述以及企业即时信息公告对应比较中发现企业有野心、有执行力；企业分红优异且足够持续，有一定的管理机制和制度约定；企业对现金流掌控良好，投资谨慎、筹资有方。

（2）**行业端**。整体行业极具成长性；行业发展符合社会发展需求，行业地位突出；行业几乎百年内不会消亡，能得到国家以及地方政策支持和鼓励；企业在行业中的地位突出，是行业规范制定者，技术领先，规模优势突出。

（3）**产品端**。产品简单易懂；几乎百年内不可消亡或被替代、受众广、口碑好、有品牌壁垒；产品推陈出新及时，消费者体验优良。

所以，我们必须精益求精选股，像巴菲特选股那样，首先我们将"形神兼备"的目标公司列入股票池，然后不断从基本面和估值性价比上观察和跟踪。我们也可以像沃尔特·施洛斯说的那样，选择 12 个月新低，在不断冷落下跌的时候买在估值性价比合适的位置。

在进行组合构建的时候，我们必须怀有长期持有获得数十倍利润的决心和勇气，确定目标，构建属于自己的最优秀的投资组合，做好长期耐心守候的准备。持股过程中可以采取动态平衡的策略，也可以采取"放养"的手段，努力在合适机会增加股数，这样才能配得上"买股票就是买企业"的基本原则。

三、要做有野心的投资

价值投资，没有惊人目标，就更不会获得满意的收益。同样是做价值投资的投资者，他们之间的长年收益相差巨大。2022 年时，我与朋友谈某只 500 亿元市值股，他问我该股未来的目标，我说大致能达到 5000 亿元以上，他惊叹。我说，大家平时都在谈挖掘十倍股，在具体落实在某只个股上，只要你说出来目标，就会一脸惊愕。我说："连想都不敢想，从来没有看到过十倍的魄力，还如何能有坚定的信心守到十倍？没想到过在巨大的空间内进行价值投资，如何又能获取长期满意的复利收益呢？"

绝大多数投资者被市场价格的翻腾所折磨，被市场波动所牵制，难以获取长期较为满意的复利收益。如果自己投资的根扎在牢靠的、足够优秀的企业上，能够时时刻刻看向确定性的远方，就不会做股价的"奴隶"，不会做波动的牺牲品。虽然能做到这样的是极少数人，但是我们既然来到这个市场，就必须通过刻苦修炼，成为其中之一。既然来到风险市场，就要多学习、多锤炼，下定决心一定要做有野心的投资。

如果我们的眼睛只盯着短线，就会限制想象力。有人说想象和现实是两码事，确实，大多数优质股的长期涨幅让我们想都想不到！打开优质股近 10 年、20 年的年线图会发现：现实要比想象得更厉害，我们会感叹还是大多数投资者太没想象力了！有人说想到和做到还差着很远的距离，但是起码是想到了，才能够找准方向，不断地努力去做到。连想都不敢想，更不用说能做到。所以，我们要精心搜集所有历史上 10 年、20 年长牛股的特征和逻辑线索，了解它们穿透牛熊市不断上行的原因，了解企业行业的未来前景。

第一章 想：思想是成功的基础

大多数投资者一听说投资靠野心和想象力时，就觉得是件极不靠谱的事情，但是很多自以为很理性、很专业的人士却常常闹出预测的笑话。当初在茅台股价为40元的时候，一群价值投资者围坐在一起谈价值，投资者和财务大咖们在讨论如果茅台到90元或上百元是不是偏贵？现在想想都感到非常好笑。所以我说：不是长线投资者的想象太狂妄，是大多数人太缺乏想象力！这种想象力是建立在常识规律和日积月累的基本投资素养之上的，是一种科学的预期，是对社会发展的合理展望和对企业发展趋势的客观推断。

大多数人只会用财务指标排队法选股，这样很容易落入市盈率陷阱中。举个例子，假设一张挺好的画纸，本身值一元钱。确定性的是，马上有位知名画家要在上面创作，请问这张纸有如此确定性信息加持，所有权卖一万元贵不贵？当时没画画之前看似一万倍的市盈率，等待确定的逻辑线索出现后，又显得便宜异常。再比如华东医药没全面做医美被集采时，市盈率在20倍以下，但它确定性很高要做医美，而且还收购了世界顶级医美团队产品，还有其他重量级管线，如此20倍市盈率是不是如同用白纸价格买知名画家的画（见图1-16）？

华东医药受集采影响之下，其股价仍然走在长期健康的上升斜率中，得益于其现金流充沛、各管线齐发。所以，我们对企业的动态展望是必需的。努力细心地体味了解企业的野心，也是特别有意思的工作。企业发展是动态的,当我们评估完一家优秀企业价值所处的合理位置时,优秀企业正在加班加点地赶超我们评估的合理的估值位置。当今,在这变化极快的世界,总会让我们当前的估值跟不上优秀企业(同理,堕落的企业更让我们跟不上它的落差)。所以跟定优秀企业是很重要的,而不是需要准确地即时估值。

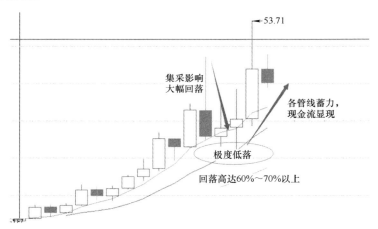

图 1-16 华东医药打压蓄势图

我们之所以关注华东医药,无非以下两种情况:

(1)有钱又优秀。一贯优秀,ROE(净资产收益率)持续数年大于 20%,现金流充沛。

(2)有内容、有野心。在发展慢性病等医药各领域中排第一,尤其是在医美板块,未来增加发展的"能量级"属于超级赛道。

找到企业发展的能量级以及未来发展的趋势和轨道是非常重

要的，买股票就是买企业，我们只有跟上企业的发展步伐，才能安静耐心地持有好企业，进而才可能完成长期满意度的复利收益。抱拙守一，而不是灵机一动地频繁转换。

在未来经济社会、信息高速发展社会，大公司有大世界，小公司有小天地，又大、又好、又处赛道核心的大公司占据天时、地利、人和。大公司"吃肉"，小公司"喝汤"，又好又大的公司大排筵宴，又差又小的公司琢磨第二天的早饭在哪里。有些实业企业如果能与大独角兽公司的孙公司或稍有联系的公司接触或合作，就开始兴奋不已。而我们普通人呢，面对行业选择和创业选择的机会越来越少、通胀压力越来越大的问题。自身都会感觉人生发展任务非常紧迫，需要尽早跟上最优质企业。

四、大师们性格和思想中的闪光点

巴菲特也在进步，从他卖出航空股，重仓苹果公司又开始逆袭增长等表现可以看出，学习进步是巴菲特不可战胜的护城河。我们也要持续地研究学习进步，主要方向就是：必须在护城河和与人们生活关系的黏性上下功夫，精挑细选企业。

闪光点之一：真诚反思

在 1999 年的伯克希尔股东大会上，有位股东问巴菲特：1993年医药股大跌，你却并没有趁机低价买入主要制药公司的股票，是不是犯了一个大错误？巴菲特回答说：我竟然没有那么做，简直太糟糕了。如果再出现这样的机会，我会在一秒内做出反应，以低于市场平均市盈率水平的价格一揽子地买入一批大型制药公司的股票。

巴菲特的投资逻辑非常简单：主要制药公司的业务竞争优势突出，而且具有长期可持续性。这两年我国制药公司受集采的影响，医药股出现了全面杀跌，医药股的投资主线逻辑其实没有变化，或者说即便是受集采影响，能好过医药股的大概只有消费股，医药股仍然是长期最佳的投资行业之一。我个人认为，医药股只要盯住创新能力（专利）、现金流和长期净资产收益率这三点就可以了。

闪光点之二：安静等待大众的极端

巴菲特喜欢市场恐慌，非常厌恶市场一片热闹、到处高估。我们从自身的投资过程中也会感受到，每每回顾以往就会说："为什么在上次那个大坑里没有更多买入？为什么没在那个人声鼎沸、大家蜂拥而至的时候减少仓位？"所以我在《静水流深》中总结出经典八字经："持股守息，等待过激"，这就是安静等待市场大众犯错，等待大众极端的时候进行交易。

闪光点之三：喜欢伟大企业

芒格说："具有合理价格的伟大企业比股价超低的普通企业好，投资伟大企业而不是低估企业"，这也是巴菲特遇到芒格后重点进化的思想。伟大企业的关键词是好的商业模式、护城河、几乎永续性成长、不断满足人们增长的需求、客户黏性高、产品不可替代等。研究过这些，才会恍然大悟，明白了什么是"价值"：价值不是某一时间点的概念，价值是未来的持续性阶段发展的概念。因此，寻求价值是为了寻求确定的盈利空间，如果能保证有巨大的价值获利空间，必须保证企业持续经营而几乎可以不断成长。伟大企业，或是说顶级优质企业，才是价值投资所追寻的真正有价值的且最具确定性的东西。

闪光点之四：喜欢安静、简单和有效复制

在学习投资中，被芒格发现有效的，巴菲特会马上复制；发现无效的，马上规避。而不是大家以为的迎难而上，巴菲特不跨越更高的栏。因为一直追求安静和简单，所以他能够极为有效地在投资上发力。

巴菲特居住在奥马哈而回避华尔街，自己曾表述从来都是内向的"笨小孩"，不喜欢交际，有点"土"。他远离了喧闹，不理睬那些华尔街的预测和高谈阔论，除了时不时地和芒格通电话聊聊投资外，剩下时间专心按照自己的原则去工作和生活。

闪光点之五：集中歼灭最确定性

看看巴菲特 2021 年第四季度的持仓情况，虽然减持苹果逾5000 万股，组合占比仍高达 43.62%，可见对于这样护城河宽广、消费特征明显、客户忠诚度极高的标的，巴菲特敢于下重仓持有（见表1-2）。

表1-2 巴菲特持仓情况

十大持仓	持仓数量（股）	变动数量（股）	占比
苹果	887135554	-57160000	43.62%
美国银行	1010100606	0	11.35%
可口可乐	400000000	0	8.13%
美国运通	151610700	0	6.79%
卡夫亨氏	325634818	0	4.18%
威瑞森	146716496	新进	3.19%
穆迪	24669778	0	2.65%
美国合众银行	131137998	-823834	2.26%
雪佛龙	48498965	新进	1.52%
德维特	36095570	0	1.40%

第三节 找对思考路径

一、投资于生命

专心对投资本质的探讨，我们会更容易理解平时令价值投资者感到困惑的一些问题。比如什么是价值？很多人很难一下子描述出来。举个例子，木场里有一段上好的10米长切割完成的木头，它没有生命，但有价值；附近林子里有一段和它质地、规格基本上一样的10米长的成长中的树。那段木头市场价格是1万元，但

第一章 想：思想是成功的基础

我们能用 5000 元买下，以低于市场一半的价格拿下，我们学会了低估对折买入。但是附近那棵树要 1 万元，以合理的价格才能购得，哪个交易更合适呢？一个是静态价值的实现，看准一个价值恢复的差价；一个是要守护成长，需要看准未来更大的成长价值。

有些朋友说我们不懂投资，也不做投资。其实，不管懂不懂，我们每个人都在做着不同类型的"投资"，我们在经营着个人，经营着家庭，经营着下一代。每个人也都面临着无数个价值选择、价值衡量的问题。我们在评判着价值大小、实现周期、中途变化可能、成本核算等，投入感情、投入金钱、投入时间——其实我们一生无时无刻不在做着投资，而且还不停地做着价值判断和投资取舍。

要想做最好的投资，我们就要明白投资的本质是什么。从人类历史来看，人类的进化演变，离不开每一次小小的投资迈进。那么，其实投资的本质就是助力生命的勃发和延续，顶级投资就是抓住最有活力的社会生产分工部分，进行长期不断地培育，使得投资方获得巨大的成长利润反馈。

投资有关社会发展的生命体：一个企业、一个团队、一个人、一棵树、一株草、一项劳动、一项服务、一种技能都是如此。是谁带给我们收益的？是社会生产、社会服务、社会劳动！又是谁给我们带来最好收益的？是那些生命力极其活跃、行业地位突出、拥有良好管理水平，或是更加幸运的优质企业！如果选股不精益求精，只期望在平庸的赛道上或平庸的企业上获得那么一点点的价值静态回复空间差价，就好比只会倒买倒卖的小贩。

这么想一想，想赚钱，就要投入成本：时间或是劳务，或是管理，或是技能，或是资本，参与到生命（企业、个人）的成长中去。这就是投资，因为与时间相伴随，所以离开生命成长的投资，是谈不上具有什么价值的。那么，最好的投资一定是要跟最优秀的人和最优秀的企业在一起，经过时间的历练，经历企业逐步拓展经营空间的过程，这也是由小树苗长成参天大树的过程！

做深度价值投资，必须要历经思想的飞跃，明晰投资和价值的本来意义。投资是助力生命的勃发，投资是助力生命的延续。生命，是生的使命；生意，是生下来的意义；投资，是生意和生命的灵魂。

二、投资就是要和做大事的企业在一起成长

通过对于投资和价值本质的思考，我们会改变平时很随意的想法，理顺我们的思想。比如研究企业的发展和未来价值，远远比预测眼下的行情更靠谱。

人们期待牛市，其实牛市背后充满风险。2021年一根阳线的出现，很多人喊出4000点，其实从历史经验来看，点位越高，预期亏损的人群和亏损的概率就会越大。所以，我们投资思想升华的第一步，要选择那些能穿透牛熊市的最优质企业，跟随其股海

漂浮，甚至可以完全不理会其市场行情。

即便我们什么财务知识都不懂，也可以打开复权年线图看一看，确实有那些最优质企业长年累月地高点不断突破、低点不断抬高，从它们的长年累月的价格走势中可以"透视出"企业基本面本质上的东西：行业龙头、好赛道、护城河、优质企业等。我翻看3000多只个股，从中大概找到100多只这样的股票，作为自己股票池中的备选。这就不少了，因为投资组合中也需要不了多少。

之前，我们"形神兼备"地学习了巴菲特持仓，并且也分析了国内A股的优秀企业的长年走势，看见"形"，抓住"神"；或者看见"神"，完全能想到并确定未来之"形"。

为了防范高点位出现的估值风险，可以牢记以下三条。

（1）一定要做长线动态的投资。

（2）一定要做最优质股的组合投资。

（3）一定要采取分批渐进的交易原则。

跟从长线投资，具有长远眼光。长期投资赚的就是分红，而且是成长的分红。投资的本质不在于股权的转让，而在于长持赚取企业不断提供的分红，并且是不断成长的股息分红。

我们每个人不管手里资金有多少，只要开始从事长期的价值投资，都要本着创造自己资本传奇的精神。投资和要做大事的人和企业在一起成长。研究基本面，要看企业未来怎么看？一定要知道企业要做什么。比如我们研究的金属包装企业奥瑞金，我们肯定要研究包装罐和体育、球队、冬奥会怎么会在一起？常人无法理解，收了鲍尔包装的在华企业，收了澳大利亚同行企业，在资金和条件困难的情况下，大股东如何一步步引导做称霸亚太战略的先行者的？为何合作中体产业、华润、格力等？很多企业发展的线索和路径，都需要真正的价值投资者来不断跟踪理解。

做价值投资，只对企业粗浅了解是不够的，未来产业集中度会加强，如果我们不拿住最优秀的龙头或细分冠军企业，那么有可能连二、三流的投资业绩也做不到。**这几年我体会到：一定要和做大事的人和企业在一起，一定要和有前途、有野心的企业在一起！**

三、抓住困境反转企业提升收益空间

我们之所以对"困境反转"的企业特别关注，因为这种矫枉过正的力量会带来极为丰厚的、更为确定的长期利润，这就需要我们有"穿透岁月的眼光"，去助力最具生命力的企业。困境反转是优质企业生命力变化最强的一种，是巴菲特所喜欢的"别人恐慌"中买入。其核心就是人弃我取，趁人冷落之时我们能买到便宜的筹码。

本书研究的就是能让普通人"逆袭"的投资方法和策略，通过以上分析可知我们必须依靠那些能够实现完美"逆袭"的优质企业来助力我们的投资"逆袭"。

按照这样的投资要求,我们来做规划。

(1) **投资特点**。长线按 8 年以上的长期投资计算,一生大致有 6 个大周期。

(2) **抓住每一个大周期**。鲤鱼跳龙门,收益应该在 5~15 倍,如果此间较少外流,不断持续投入的话,资产扩大规模更快;如果起步资金更多,未来资产规模就会更大。

(3) **我们的理想,做有野心的投资**。成为亿万富翁,长线持有最优质企业就等于长线持有我们伟大祖国的未来,"与国共荣,与股共融",进入十大股东行列,拿住最优质股权,是我们个人和家族的荣耀。

在对巴菲特研究后,我们发现巴菲特有三个投资策略值得进一步学习借鉴(见表 1-3)。

表 1-3 巴菲特的三个投资策略

投 资 策 略	具 体 内 容
逆向而动	雪中送炭,择优相伴,增加股权
与股共融	拿下最优质企业的股权,与顶级企业一起成长
与国共荣	借助国运,将优势发挥得淋漓尽致

抓住困境反转企业的以下三层收益:

(1) **信心恢复**。**信心底**(信心恢复)、**估值底**(估值很低)、**市场底**(真实最低价)。

(2) **成长起步**。找到企业成长的具体理由、企业能力以及具体产品项目。

（3）热捧溢价。大致溢价产生的估值区域、整体市场温度和个股估值标准。

我们重点研究事件和发展格局上的困境反转，我们只要把握较好行业中的产品的"第一唯一、用得广、离不开"三大属性保持不变，就可以开始跟踪研究其困境的具体特点，以及未来化解的可能性（见表1-4）。

表1-4 企业困境反转"逆袭"例子的大致分类

困境分类	说明	具体股票案例	特点
行业事件	医药集采、"毒奶粉"、贸易摩擦	华东医药、伊利、海康威视	好行业龙头短期影响，优质企业好机会
企业事件	某个别企业内部问题	双汇发展、华东医药	好行业龙头发展中突破瓶颈，有大机会
发展格局	企业发展瓶颈以及转型	奥瑞金、双汇发展	好行业龙头，有发展，有看头，大机会
证券市场	由于市场低迷而产生	伟星股份	好标的、好机会
行业周期	行业价格原材料周期问题	猪肉股、地产股	不好把握
宏观经济	整个宏观经济发展迟缓	一些周期类、地产类等	不好把握

抓住困境反转企业重点要做好以下四个判断：

（1）**产生问题根源上判断**。大致有行业整合拓展、创新、属于本土崛起代替外资、内部瓶颈有待突破、行业发展中普遍问题有待完善解决、证券市场或行业大市场环境问题、短期事件影响等。

（2）**持续和化解时间长短上判断**。分为长期大逆转、短期大逆转及越长越有力度等。

（3）**转变性质上判断**。改变、扩张、创新。辟谣由负面转正面、企业大转变的蓄势阶段、企业发展拓展的困境"逆袭"阶段等。

（4）**未来发展上判断**。能量级。按照市值爆发扩张大致倍数，几倍能量、十倍能量、百倍能量。

第四节　学会修正与提升

一、保守思维核心

深度价值投资的本意就是更加保守的价值投资，但对"保守"的理解，不同修炼层次的投资者有不同的感悟。

这里对保守的理解蕴含着三个层次。

（1）价格方面的安全边际和布局仓位上的控制，这属于策略上的保守。

（2）层次严格选择标的，精益求精两个不参与（不清楚未来的不参与，不是最优秀的不参与），这属于选股上的保守。

（3）以上两者结合的同时，相信投资是多学科影响的结果，在广泛学习阅读的基础上寻找最确定性的最优利润空间，即利用思维的格栅（多学科思维模型），多维度保证投资的成果具有极高

确定性，这是思想上的保守。

根据以上内容，我们对于保守思维整体定义进行了完善与修正：在策略上，对价格的苛求属于窄视角上的保守，控制仓位是操作层面的硬性保守，真正的保守态度是严格选择企业基本面上的保守，是在思想深度上从追求确定性上下功夫。

我在《静水流深》一书中也指出了深度价值的四个"深度"：基本面深度、价格深度、思想深度、策略深度。在这四个深度里完全孕育着保守的态度，思想深度是前提，它具有保守思维方式并贯穿始终。随后这里主导的是基本面深度，只有认真研究基本面，才能预判企业未来的大致情况，交给未来检验的投资才具有一定的安全性。因此投资首先是选股站队，其次才是价格深度和策略深度的研究。

保守思维的本质是为了弥补人类的共同缺陷和人性弱点以及预防盲区，我们在运用常识和规律的同时，就是遵从了保守思维策略，用最简单、最普遍、最被认可的常识和规律性来优中选优，跟随最好的企业，获取最成熟、最优的经营成绩，就是最直接的保守体现。这之后，我们还有价格深度和策略深度来做一些提升和预防工作，以防止小概率问题的出现。

之所以进行修正和分清保守的层次，是因为在这些要素中，价值投资者往往不分轻重，顾此失彼，结果出现事与愿违的情况。比如很多人认为标的不重要，重要的是估值低，只买廉价股就可以了。我们从以往历史可以看出，如果选不上好行业里的龙头股，长期来看有可能无法达到满意的复利收益。好企业长期的持续成长，可以用不断成长的分红来弥补价格买入过高的问题，也就是"道"的正确慢慢掩盖买入"术"上存在的一些问题。但是，如果不在一流企业上操作，买入价格和仓位就成了长期痛苦。

如表1-5所示，最高的福耀玻璃派现已经是融资23.59倍左右，这不就正是长期的安全边际所在吗？这就是基于行业以及行业地位的精心选择，以及对于基本面的深度了解而形成的安全投资，这是保守思想选择基本面深度的威力体现。可见，如果选对好企业，就是足够保守，即获得了未来长期的足够安全边际，是在"道"层面的研究，而在价格、仓位，即策略上的细心安排，就是在"术"的层面上研究了。

表1-5 上市以来截至2022年2月18日的派现融资比

企 业 名 称	派现融资比	企 业 名 称	派现融资比
伟星股份	232.90%	苏泊尔	556.8%
华东医药	121.28%	海尔智家	177.29%
中国中免	159.92%	伟星新材	422.71%
美的集团	401.74%	新和成	133.88%
恒瑞医药	983.94%	老凤祥	459.24%
伊利股份	164.91%	福耀玻璃	2358.88%

因此，巴菲特和芒格所谈的"用合理价格买入伟大公司"就是对安全边际理念的修正解释，伟大公司是首位的，然后是合理

价格。之所以提倡合理价格，只是因为未来在长期复利收益上加一些分，避免在过热的地方买入而较多拖累长期复利收益而已。所以保守思想的核心是找到伟大公司，俗话讲，"大树底下好乘凉"，相信常识一般都会有较高的胜算！

二、投资干货是思想，不是具体标的

进入市场很多年的朋友，常常因为取得不了满意的收益而苦恼。他们总结原因，大多是觉得没有找到一只长期大牛股。其实真正的原因在于思想，投资的干货是思想认识，不是具体企业的名字或股票代码。等着别人说分析企业的干货，等着"抄作业"的人，其实还没有投资入门。碰到投资的老手或者高手，首先问的应该是一些投资的方法和理念。比如如何选股，如何观察股票，如何交易，持有多长时间，等等。

我们知道好标的，不意味着能把其未来大部分利润拿到手，更艰巨的任务是思想的修炼，拿到信任的标的，一路坚守，这会一关比一关有难度。一个十倍上涨历程，不仅仅是有几根连续年阳线，或许中间还夹杂着年阴线、月阴线和每日的激烈波动。其中的政策性、行业性利好及利空交织不断，干扰我们，引诱我们放弃的信息太杂、太多。

我个人觉得，等价值投资思想逐步成熟，开始做减法后，最终会升级到上述如此简单的保守思维的三个层次上。如果我们感觉距离远一些,可能是实践总结不够,或者感悟不深刻而已。对于这一点,我不接受反驳。我们在不断总结自己的过往投资中,会越来越发现标的接受不难,难的是长期巨额利润的承接。尤其是在我们关注市场起伏不定的波动下,很难留住大利润。因此不如用以上保守思维的三个层次作为我们日常修炼的守则,深刻、全面、彻底地去洞悉以上简单的"不为"清单,然后简洁、明了、苛刻地去遵守,这样成功的概率极大。

三、打开长期年线图,体会企业发展动力

上文中我们分析企业的特点时,"从形到神"或是"从神到形",经常会用到年线图。每一年是一个完整的企业经营周期,对于企业的经营周期里发生的事情,市场给予一个涨跌的年终评价。虽然对照一年经营周期的评价还不能算准确,但是我们综合十年、二十年的市场评价,就可以得出很多值得研究的企业基本面特性。

(1)**价值投资秉持长期主义**。每年一根年线,与企业年度经营相吻合,一两年可以偏离,三五年肯定要回归企业基本面,十年以上就能基本说明企业的一些特质:护城河、行业地位、企业成长能力、财务指标优劣等。所以我们的投资一定要报以长期主义。

(2)**龙头企业特质表象近似**。高点和低点不断抬高,说明企业的经营能力不断提高,虽然不是严格均衡的表现,但是向上的

基础逻辑是一样的。

巴菲特选股有五大特点：一是选行业龙头；二是现金流充足；三是净资产收益率高，一般都在 20%以上；四是毛利率较高；五是具有扎实的行业内护城河。

四、理解企业经营的难度，相信企业的能力

用持续年度的思维来梳理企业发展逻辑，而不是在和企业短期季度业绩变化较劲，不必一惊一乍地研究企业短期业绩波动，而是从一个长期发展的大趋势来看待问题。优质企业不断收购合作、发布新产品公告，说明企业人员都在忙着工作，在为企业未来拼搏。投资市场最怕的是过于冷静，投资的常识就是企业发展的常识，因此理解企业，相信企业，跟随优质企业发展是长期复利累积的源泉。

五、提升能力素质：至关重要的投资能力和投资素质

马克·塞勒尔是对冲基金 Sellers Capital Fund 的创始人，曾在晨星担任首席股权战略师，在 2008 年，他给哈佛大学 MBA 学生做过演讲。马克·塞勒尔提出了构成伟大投资者的"护城河"包括七种特质，条条是真言。在这里将他的叙述再简化些，变为"6+2"，即六种能力加两种素质，以供大家在今后的投资中逐步深入研究。

（一）六大投资能力

构成伟大投资者特质的六大能力，大多数可能真的是靠天生赋予，如果不能与生俱来，则需后天艰苦修炼培养。

1. 反大众的逆向思维能力

马克·塞勒尔：在他人恐慌时果断买入股票，而在他人盲目乐观时卖掉股票的能力。为此，我简单总结为"持股守息，等待过激"，这里的过激就意味着上下过激时候开始行动，即只有在上下过激的时候进行交易。持股的意思是大部分时间的状态是持有最优质企业的股权，而每年的股息发放日就是我们价值投资者的节日。我们通过股息分红攒下的现金，日积月累等待"下过激"时候派上用场，就完成了我们的布局阶段要求。

比如我们通过持股 8∶2 或 5∶5 的股票与现金等价物（货币基金）配置做动态平衡。将组合维持一段时间后，由于股价的大幅度变化，可能原有比例被破坏，一旦确认持股进入上下过激状态，我们就可以平衡股票与现金的比例，维持此前的 8∶2 或 5∶5，如果上过激非常过分，甚至可以采取 2∶8 的超级防御态势，这种看似被动的仓位比例平衡，就是逆向思维策略的具体应用，只要我们站好队（选好股），就不要太在乎消息面上的多空消息，具体操作只做被动的比例平衡就可以，也就是只根据"上下过激"与否来进行仓位比例平衡或变化就行了。

2. 强烈自觉的自检自省能力

马克·塞勒尔：从过去所犯错误中吸取教训的强烈意愿。我们在总结过去的过程投资中，不断删减、修改、完善后，找到了最有效的投资方法。我在 40 岁以后的投资，就在不断做着减法，因为经过 20 年投资学习，脑袋里充斥着各路门派杂七杂八的想法。经过不断总结反思，只保留了最原始、最具常识和规律性的经典路线，那就是第一选好股、站好队；第二长线跟随企业成长，在暗黑时刻不断增加仓位；第三不断落实以上两条。

3. 超强的风险控制能力

马克·塞勒尔：投资人要保持基于常识的与生俱来的风险嗅觉。我们投资中最重要的是对风险控制中的"风险"二字的理解。我们知道，造成永久性损失的第一杀手是选股、站队的随意，总会以近期的涨跌为观察理由，并以此作为对于股票选取的条件。近期涨得好的容易被看得上，涨得不好的认为是"坏东西"。所以，笔者提出投资第一步风险把控，应该是严格选股，然后放入股票池不断跟踪观察。也就是说，站队要清晰、要精益求精，这时候不要掺杂"近来涨跌、估值怎样、是否风口、过去涨幅"等先入为主的市场波动思路。

因为对于风险控制的基础是对企业基本面的长期紧密跟踪，对企业的行业地位和护城河的研究，重点是在企业定性分析的三端中把握企业是否有"质"的改变。

（1）**行业端**。整体行业是否还是不断积极成长中，是否还是国民经济中重要的不可缺失的行业。

（2）**企业端**。该企业是否还是行业中的第一，有举足轻重的作用，企业文化和品牌口碑是否出现重大滑坡。

（3）**产品端**。产品依旧是市场上的主力产品，看不出未来会被替代或消亡，产品迭代升级不断进行，购买人群依旧很广泛。

除了基本面的风险控制之外，市场风险主要来自超高的估值，也就是我们所说的"向上过激"，过激的高估值可能带来的是未来数年的复利收益折损，因此我提出"持股守息，等待过激"，可以在上过激的时候开始进行减仓动作，以便等待未来有极大概率在更低的位置买回更多顶级企业的股权。

4. 左右脑综合运用能力

马克·塞勒尔：投资中要发挥左右脑的功能，需要投资者左右脑都擅长运用，通过各种学习积累的知识来不断验证投资的真伪。这与芒格的"思维的格栅"理论有异曲同工之妙，芒格的格栅模型，需要使用者有一定的逻辑基础和常识认知，能将日常遇到的常识和基础知识分门别类存储，然后在大脑中不断累积准备足够多、足够丰富的模型和框架。这些模型是对某些事物的抽象和提炼，可用于快速地提取重点要素，能够快速识别所遇到的物品或现象的本来面目或事实真相。这种识别，类似于人能迅速识别一个动物的种类和个体差异，快速定性一件事情的优劣。

这种思维格栅既要对数字图形有敏感深入的认识能力，又要对抽象逻辑推理有缜密的分析能力；既要对微观处理有准确耐心的把握能力，又要对宏观状况有正确的判断思考能力等。这些都需要日常学习思考，并注意观察，注意总结常识性的规律。

5. 一生独立思考能力

这是巴菲特选接班人的三大条件之一，也是价值投资者必需的基本素质。巴菲特主张独立思考，他认为："逆反行为和从众行为一样愚蠢。我们需要的是思考，而不是投票表决。不幸的是，伯特兰·罗素对于普通生活的观察又在金融界中神奇地应验了，'大多数人宁愿去死，也不愿意去思考，许多人真的这样做了。'你必须独立思考。我总是感到不可思议，为什么高智商的人不动脑子地去模仿别人。我从别人那里从没有讨到什么高招。"

6. 对机构行为和人性的洞察力

这也是巴菲特选接班人的三大条件之一。在浩瀚的投资知识海洋里，有些投资知识不会用在我们价值投资的体系里，我们需要明辨它们的无效之处；有些知识我们可以借鉴利用，我们更应该懂得它们有效的地方。总之，我们需要对很多市场现象进行了解，熟悉机构或是群体大众的行为特点，比如市场趋势构成，资金运行特性，人性的贪婪与恐慌成因分析，过激反应条件等。

（二）两大投资基本素质

1. 兴趣

对投资中的财富累积过程，我们既富有兴趣、立志终生相伴、一生有强烈的投资获胜欲望，又能从细微生活到宏大事件入手以财富观来进行理性判断。成功的投资是强烈兴趣不断推动的结果，这是从事投资工作的原动力。终生的浓烈兴趣有：年轻时候想着财富"逆袭"，过上财务自由的生活；到了中年以后，财富累积成了良好的习惯；进入人生暮年，投资理财成了自己排解晚年孤独的最佳益智活动。

我们体会一下90多岁的巴菲特，还在高瞻远瞩地进行股票投资规划，就知道投资是项陪伴一生的兴趣活动，其目的不仅仅是为了赚钱那么简单。

2. 从容

能够在任何时候坦然面对大起大落，有正确的得失观，在一生中都苛刻保持从容决策的态度，将以上融进投资的骨子里，成为良好的行为习惯，这是成功投资者性格中的重要组成部分！这是我们价值投资者长期需要培养的最基本素质，克服情绪干扰，永远保持从容和理性的态度是做一切投资决策的基础。

第五节　深度价值投资的底层逻辑

一、深度价值投资的四大要素

在多年学习国外一些著名价值投资大师的思想，并经过我不断感悟思索、升华认识、迭代升级之后，我试图提炼出价值投资中的精髓，试图总结出可以具体实施的、适合普通投资者的系统性价值投资策略。

研究起始，我们首先找出这么几个重复频率较高的关键词："保住本金""安全边际""不可预测""成长""逆向思维""恐慌与贪婪""公司治理""保守""壁垒""消费股"，等等。其次，从这些关键词开始慢慢展开，最终找到了它们具有某类共性的聚合点，这个聚合点就是"深度"。"深度"代表了投资者苛刻保守的态度，它也揭示了投资者如何找到长期复利收益确定性的秘密。在价值投资前面加上"深度"二字，使得价值投资从"形"⊖到"神"⊖兼备。

我给这样的具有"形神兼备"的价值投资形式叫"深度价值投资"。换句话说就是在以下四大方面要求具有苛刻的深度（见图1-17）。

⊖ 按照价值规律做投资的策略必要性，眼睛所见的具有长期价值的优质企业，表现出来的能够长期股价穿透牛熊市、市值不断扩大的事实状况。

⊖ 投资利润追求的确定性，以及不断追寻背后隐藏的底层逻辑。

第一章 想：思想是成功的基础

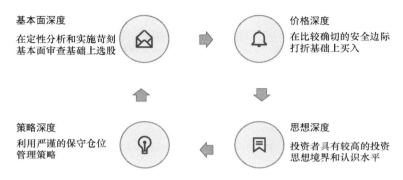

图1-17 深度价值投资的四种"深度"

（1）**基本面深度**：在定性分析和实施苛刻基本面审查基础上选股。

（2）**价格深度**：在比较确切的安全边际打折基础上买入。

（3）**思想深度**：投资者具有贯彻始终的较高的价值投资思想境界和认识水平。

（4）**策略深度**：利用严谨的保守仓位管理策略，保障组合投资的整体业绩。

深度价值投资的"深度"内涵基本就围绕这四大要素的"深度"展开。投资者的思想深度是掌控整个投资过程必不可少的统领全局的问题。我们相信巴菲特的投资方法早已风靡整个投资界，可以说是稍微研究投资的人都比较了解，但是为什么能够靠大师的智慧来致富的人不会成批出现呢？

简单来说，这个问题是因为"思想和行动很难做到统一，知行合一难度太大"。在理论和实践之间一定横亘着一座大山，这座

非同凡想 从深度价值投资的底层逻辑出发

大山就是人性弱点。做任何事情，从理论落实到实践都有一大段路要走，因此"知行合一"的路上具有非常多的羁绊。但从本质上看，其实不是"行"的难度，而是践行者"知"得不够深刻。我们只有彻底看透事物本质，具有一定的思想深度，才不会轻易被市场诱惑，受"羊群效应"所裹挟，才能够一以贯之地按照价值规律来认真"出牌"，并且能坚持打好每一张牌。因为思想深度决定了行动的力度和眼界的高度，这是毋庸置疑的。所以投资者一定要用不断实践、阅读、学习、总结来提升自己的思想深度。本书取名为"非同凡想"，就是说那些能够取得投资马拉松长跑胜利的人，一定有平庸大众所不具备的不一般的"想法""思想"，或是"信念"，他们一定是彻底弄明白了普通投资者没有透彻理解的东西。

有一位巴菲特忠实的信徒问巴菲特："价值投资的奥秘是什么？"巴菲特宁静地回答："独立思考和内心的平静。"我们震撼于巴菲特的平静，但是这种平静是怎样的思想深度才可能达到的呢？又有谁知道这种笃定正是来自他目睹老师格雷厄姆当初经济危机后的惨痛失败，以及跟随格雷厄姆学习投资过程中的不断锤炼思索所获取的经验。这样看来，所有投资者思想的深度不是凭空而来的，肯定是经过反复学习总结和不断实践的累积结果，只有多思考多感悟才可能有思想的升华。

思想问题解决了，接下来首先要考察的是企业基本面的深度，也就是从企业经营财务数据上判断它是不是一家比较靠谱的企业，是否有比较稳定而优秀的历史业绩，并且判断这样的历史业绩能否继续维持和传承。只有惯性地延续稳定经营，投资者才可能对企业进行有效估值，才可以避免遭遇价值陷阱或"黑天鹅事件"的伤害。因为价值投资的利润实现是需要时间的，所以一定要保证企业至少在一个相当长期的时间内不会消亡，最好是能随着社会发展和人们生活水平的提高而逐级向上地成长。

基本面深度又可以分为四个深度考察要素。

（1）未来：经营前景是否具有确定性光明。

（2）过去：历史财务指标是否确定性优秀。

（3）目前：行业属性和地位是否很突出。

（4）管理：公司治理方面是否具有独特的优势。

关于理解基本面深度以及比较（即选股），一定要注意以下三点。

（1）选股是投资最重要的一步，它大于估值评判。

（2）选股之后，并不是立即买入，而是进入股票池观察跟踪，**研究买入的机会**。

（3）思想境界是统领解决"如何选股，采用何策略方法"的**重要源泉，因此提高认识第一重要**。

在过了选股深度这一关之后，就是开始跟踪买入的价格深度了。买入之前要解决以下五个问题。

（1）选择好企业后，要琢磨用有限的钱如何买更多的股数。

（2）买入价格并不是投资核心环节上的问题，投资思想重点解决的是买什么，以获得长期最佳收益。

（3）买入价格发挥好只解决暂时获得价格优势的问题，只是等额的现金比没有深度价格能买更多的股数而已。在未来某点换取股数多寡的问题，还要落实到选股的精准性上，也就是企业孕育着多少爆发能量，是否在未来能成为穿透牛熊市而不断成长的企业。

（4）不要将买入和卖出间隙压得过短、过密，不敢握十年的股票，连五分钟都不要看。

（5）买入门槛越低，越随意，想赚钱就越难！为此选股越应该精益求精。

以上深度价值投资关于"深度"的追求，策略深度主要为了完成以下两项任务：

（1）防范风险。

（2）有效累积复利。

这两点是应该被深度价值投资者牢记的核心任务，必须保证做任何投资策略的时候都不要偏离。

二、深度价值投资的特点

深度价值投资属于价值投资中的一种，但它更为清晰、严谨地展现从研究、跟踪到交易的整个过程，它追求更为简洁和实用有效的投资策略，它是多重价值要素的综合。投资者不仅要有自下而上精选个股的能力，利用逆向思维能找到被市场严重低估的股票，还要学会积极防范市场风险，学会使用资金管理配置的一些技巧。

深度价值投资者会在市场普遍估值过高，风险积聚的情况下，不断减少持股量，为接下来可能到来的低迷熊市慢慢分批准备好现金，并降低在指数高位向下的时候有可能出现的大幅业绩回撤风险。这样坚持下去，专业资产管理者或个人投资者就可以取得长期比较满意的投资业绩，同时也会取得投资心理上的长期优势和坚不可破的投资信心，获得物质和精神上的自我价值实现。这就是"静水深流"的深刻内涵。

所以这里"深度"的目的有多层次内涵。

（1）**寻找市场价格与未来的企业内在价值产生巨大扭曲的机会，扭曲原因是企业的价值升值潜力巨大。这是偏动态成长看未来。**

（2）**寻找市场价格与当前的企业内在价值有巨大扭曲的机会，扭曲的主要原因是企业股价备受冷落或市场环境非常恶劣。这是偏静态看当前低估深度。**

上述一个"动态"一个"静态"，基本上就把深度价值投资理念表达完整了，只不过一个是看现在，一个是看未来。用塞斯·卡拉曼的一句话总结为："价值投资就是等待市场价格被大众进行惊人错杀之后买入！"不管是静态还是动态看市场价格，不管是看未来还是看现在，或未来现在相互结合审视，能确定性地判断价格是惊人错杀，就是具有价值深度的投资。但是其中最具魅力也最具有收益推动性的，是在"静态"惊人的错杀时候买入未来还有巨大动态成长空间的企业，这样的投资我叫它为"逆境超级反转"。

这需要投资人对三类股有清醒的认识。

（1）逆境反转的长期优质股。

（2）小市值的隐形冠军或细分行业龙头。

（3）消费类的超级品牌或公用事业"白马股"。

除考虑了对选股的分类认识外，深度价值投资还要求资金管理者有较高的自我约束能力，在经济环境起伏不定、周期转换无常、估值变化起落中能够维护稳定的复利收益。

其中，逆境超级反转就是第一类中的一些特例，它们会由备受冷落、满身缺憾的小企业有望穿透牛熊市、成长为市场中的二线，甚至一线蓝筹，市值有可能扩大几十倍，甚至上百倍。所以对这类股的选择，是我们依靠价值投资彻底实现投资"逆袭"的重要环节。

在国外资本市场也有类似的深度价值的对冲基金，它们定量选取市净率（P/B）远小于1，市盈率（P/E）小于7的标的做成基金组合，严格控制风险，尤其是对下行回撤的幅度和回撤的时间进行严格控制，取得了长期比较好的投资回报。本书提出的深度价值投资，与国外的理论稍有差别，我是多方位寻求深度的综合权衡结果。比如除了财务指标的深度之外，还需要以保守的资金管理精选个股做成一个适度分散的深度价值投资组合，以期待在抵御风险的基础上获得最佳收益。

虽然市场价格受到诸如基本面、政策面、利率走势变化、国际关系、市场主流资金喜好、债务风险等错综复杂的因素影响，但深度价值投资要求以"适度分散布局"和"精准深度挖掘"两大法宝穿越牛熊市，以更小的风险取得更为满意的复利收益。

以上对于"深度价值"的研究方向，和本书讨论研究的方向不一样，这本书重点在于挖掘**"哪些企业能够产生巨大的'逆袭'反转"**，从而带动我们长期持有者一起"逆袭"，所以我们的重点不是对市盈率的考查，重点是判断企业蕴含的能量级别的大小，企业未来的野心大小，以及有多大概率实现成功。而对于市盈率的跟踪研究，只是为了用有限的资金买入更多的股数而已。一般期望的超低价格和超低市盈率，这往往是可遇而不可求的。

可见，深度价值投资有以下五大主要特点。

（1）投资的过程就是一直在思考事物本质的过程。在投资世界里，各种信息和事态变化太快，这就造成人们根本不可能以快速反应，并通过短线的交易把握取得胜利，这是一个不争的事实。而且资金量越大，越不易做短线交易。因此，如果我们想大概率获得长期投资成功，关键是在理解一些长期的必然规律或常识的基础上，进行有条不紊地"慢投资"。首先就应该彻底理解为什么不照规则行事就会碰壁,其次才是为更好地投资收益制定各种保守策略。为此,投资者最好以一个长周期来总结自己的投资业绩,通过反复数次的验证来发现事件背后所蕴藏的必然规律,从而找到自己最应该做什么,最后进行最有效、精准的交易。

(2) **小中见大的收益累积特性**。卡拉曼指出,贪婪的短线投机者可能忽略一个解释为何需要避免损失的重要的数学理由:即便收益率一般,但时间一长,复利的效应也会让人大吃一惊。从复利的重要性可以推断出一个必然的结论:那就是哪怕只出现过一次巨额亏损,也很难让收益恢复过来。所以,我们重点要靠优秀企业经营上的优势,产生的不断经营性复利成果来完成自己确定性复利收益。一生较少的几次长期成长股的轮换就可以完成自己的财富累积。

我有个简单的公式:

$$10000 \times 10 \times 10 \times 10 \times 10 = 财务自由$$

当然公式里的 10 是个乘数,意思是我们一定寻找最好的投资标的,寻找未来有最大空间爆发的持续成长的好企业,经过几轮的 10 倍累积,就有可能到达巨额财富累积的胜利彼岸。

(3) **用保守代替预测,具有省心的特性**。投资者如何通过预测不可预测的事情来进行分析呢?唯一的答案就是保持保守立场,然后只能以大幅低于根据保守预测做出的价格买入,并且始终要给自己的组合留有后路。不管市场波动方向如何进行,深度价值投资者都能做比较省心的投资。

（4）**更强调纪律和耐心，严格管控情绪**。深度价值投资将对潜在价值进行更加保守的分析，与只有在价格足够低时才购入的这种必不可少的纪律和耐心结合在一起，并通过事前周密的计划安排来代替决策者临场发挥的随意性。价值投资者必须具超长的耐心，在其中必须抵抗来自各方的诱惑和各种冷嘲热讽，坚持独立行事。

（5）**更强调逆向思维，并且对"逆向"做了更精准描述**。逆大众而行，就是利用集体大众的不理智造成的过度恐慌打压或是过度追捧的贪婪，实现与大众的反向交易获利过程。价值投资策略会在大跌的市场中闪闪发光，只有当人们对企业评价完全失去理智的大恐慌中才会出现深度价值的机会，而随着未来人们渐渐恢复理智，投资标的价格也会马上恢复。价值投资虽然在本质上是研究企业性价比的工作，但从过程上看，似乎也是一种等待市场大众集体犯错的"狩猎"式工作，其要点是"只有在大众最不理智的过激时候出来交易"，按照我们简化后的称呼叫作——"等待过激"，即等待低估的深度价值或过度高估的两个过激时刻出现。

三、深度价值投资的重要性

有价值投资朋友问："价值投资还分个深度和浅度，是否有些多此一举？价值投资，感觉有价值就买入不就行了，为什么还要提及'恐慌'和'深度'这些字眼呢？难道仅提价值还远远不够吗？"

如果大家经常阅读价值投资大师们的书籍，会看到价值投资者要找寻"安全边际的打折价格"和"一片恐慌下"买入，买入"上个大熊市底部的接近价格"等出现频率较高的有关买入的叙述，就会由此想到这些语句的共性就是：要求具备价格深度。

我们在实践中也会经常遇到这样的情形，本来自己已经预估了合理价格位置，但市场毫无情面地又继续下跌了很多，甚至有的跌了50%，并且"下跌如山倒，回升如抽丝"，股价恢复过程比较漫长。有的在漫长的恢复中出现了意外，遇到了价值陷阱，企业出现业绩大幅下滑和永久性衰退。因此，在价值投资前面加上"深度"二字，苛刻要求一些总没坏处。

也就是说，我们要的最终结果是满意的、可持续的复利收益，所有影响这个结果圆满实现的负面问题都需要被一一解决。很多时候宁可少赚一些，将盈利预期放低一些，也不能出现大面积、长时间深度套牢的局面。价值投资绝不能以"价值依旧在"作为长期被深套的说辞，因为价值投资只是一个获取利润的手段，而且我们所运用的还可能不是正宗的价值投资策略，因此如果发现自己的价值策略不是最有效和完美的，就一定要向更深度追寻，不断完善并修正它。

明白以上内容就以为"深度"的重点是对比价格高低，或是寻求估值最低的股票进行投资，那就错了。深度价值投资最核心的深度是基本面深度，从基本面深度上出发我们有以下要求。

（1）在最好的行业（好赛道）里，选取基本面最突出的有"护城河"的好企业进行投资，才能保证长期持有不会造成永久性损失。

（2）在基本面最突出的企业里，选取未来最有发展野心，最有概率持续较快成长的最有前途的企业。

（3）投资中选择基本面最佳的最重要，而对于估值来说只是次要参考，一定要在选定好企业之后再考虑。

深度价值投资可以给大家提供一个简洁明确的获利方法，不用浸染市场太长时间，不用接受广泛的无效信息，给投资者提供了较为宽松的"慢生活"环境，对其身心健康也大有益处。

大多数投资人总担心错过机会，这时候我们要记得一句话："纵使是大多数机会的错过也并不会给我们带来一丁点的蚀本，而那些一旦被我们靠耐心和毅力抓住的确切的长线深度价值机会，很有可能成为我们自己一生的投资经典！"

四、深度价值投资修炼的方向

价值投资可以大概率成功，因为成功的价值投资者首先都能抓住"市场先生"的弱点，找到最具前途而被市场冷落忽视的好企业。然后成功者会知道"时间是优质企业的朋友"，因而他们会极富耐心地长线紧握企业。"市场先生"经常用喜怒无常的情绪来践踏价值规律：我们看同样一家企业在同一年度里，大多经营状况没有发生很明显的大幅度变化，但是股价却可以向下跌去一半，向上能涨出去一倍，甚至更多。而且对于未来有远大前途的企业，市场只会根据当下的环境或是企业发展初期的小麻烦来定价，"市场先生"是一个情绪主义和现实主义者，不会有远大的理想和抱负，也不会展望未来十年或几十年的前景。价值投资者必须利用这种市场价格的扭曲和迟钝，利用市场有自行矫枉过正的功能来留住利润、扩大战果，进行年复一年的复利累积。

巴菲特在 1984 年哥伦比亚大学讲话中说道："我确信股票市场中存在着许多无效的现象，这些格雷厄姆与多德部落的投资者之所以成功，就在于他们利用市场无效性所产生的价格与价值之间的差异。在华尔街，股价会受到羊群效应的巨大影响，当最情绪化、最贪婪的或最沮丧的人决定股价的高低时，所谓市场价格是理性的说法很难令人信服。事实上，市场价格经常是荒谬愚蠢的。"

这种经常出现的"荒谬"价格，就给我们价值投资者带来了最好的交易机会，于是我们在进行投资感悟升华时，就能很明确地找到以下五个需要不断感悟的重要方向：天时、地利、人和、尺度（仓位管理）和心性（个人修行）（见表 1-6）。

表 1-6　五个重要方向

任务排序	形象表达	四字总结	核心问题
任务一	天时	易顺天承	客观规律是如何在价值投资中起作用的
任务二	地利	海纳百川	如何寻找财富聚集的价值洼地
任务三	人和	道法自然	如何理解人与规律的和谐共生
任务四	尺度	进退有度	如何在贯彻保守思维的前提下进行有效的资金仓位管理
任务五	心性	心平气和	如何能知行合一地自我修炼,将简单的事情做到极致

（1）**天时之易顺天承**。感悟的核心问题是"客观规律是如何在价值投资中起作用的？""易顺天承"中的"易"理解为变化或交易，"顺"指的是顺应，"天"即规律，"承"就是承办承接。整体意思就是一个投资者依据什么制定投资策略。其实我们只要简单地适应价值规律就行了，规律为自己承办了交易的事情，我们只作为一个旁观者或是顺应者就足够。每走一步，都有大规律来指引，投资收益自然就来了。

（2）**地利之海纳百川**。感悟的核心问题是"如何寻找财富聚集的价值洼地？"之所以能叫作洼地，是因为对照未来企业发展的野心和宏伟蓝图，企业当前的市值也许只是个"起步市值"，企业孕育着巨大的爆发能量级。

（3）**人和之道法自然**。感悟的核心问题是"如何理解人与规律的和谐共生，知行合一。"不管是市场趋势、主力资金、政策方向等促成市场变动的因素，并不是主导市场长期走势的根本原因。

根本原因只有客观规律，是不以人的意志为转移的社会和自然发展规律，所以价值投资按规律办事，起到修正市场跑偏的作用，是符合人们长远发展意愿的和谐正道。

（4）**尺度之进退有度**。感悟的核心问题是"如何在贯彻保守思维的前提下进行有效的资金仓位管理？"我采用根据"组合仓位比例平衡"的方法来倡导普通投资者做被动性仓位管理，这在之后章节将详细叙述。

（5）**心性之心平气和**。感悟的核心问题是"如何能知行合一地自我修炼，将简单的事情做到极致？"最好的投资方法需要更优秀的执行者去始终如一、年复一年地贯彻实施，最终才能获得精神财富与物质财富的双丰收。价值投资另一位大师沃尔特·施洛斯的一生经历过18次经济衰退，但他执掌的基金在近50年的漫长时间里长期跑赢标杆股指，在1955—2002年，他管理的基金在扣除费用后的年复合回报率达到15.3%，远高于标普500指数10%的表现。期间累计回报率更高达698.47倍，大幅跑赢同期标普500指数80倍回报率的水平。

五、深度价值投资的交易条件

对于一般的股票投资者，在慢慢理解深度价值，且具备常识性选股能力的基础上，选取具有基本面深度的好企业，只需要根据我们所掌握的线索，总结推理出最简单的交易标准即可。坚持简单的交易标准就可以抵御绝大多数市场风险,那么这里的重要条件是什么?

图 1-18 是最简单的普通投资者践行价值投资的交易循环图。可见,简单的价值标准买入条件就是:**在恐慌的大跌之后出现的历史估值低位买入**。这是最简单的交易法则。反之,卖出的条件是:**在热捧大涨后出现历史估值高位区域卖出**。

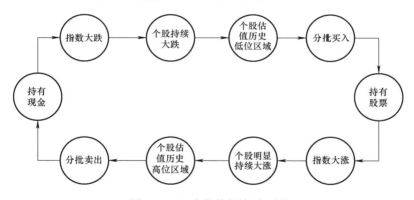

图 1-18 深度价值投资循环图

如果大家单看指数涨跌觉得乏味没内涵,那么看连接指数高低点和市盈率高低点的折线图(见图 1-19)就感觉有些意思了。

(1)**指数的大涨大跌一定伴随着估值的大幅变化**。

(2)**历史上,上证指数恐慌之后见到的阶段性大的底部都比较接近 9~16 倍市盈率的估值区间**。

美国股市也一样,市盈率绝大部分时间都是在 10~25 倍之间徘徊,10 倍左右是安全区域,25 倍以上是危险区域。图 1-19 中还有个细节，在 2015 年 4 月，上证指数平均市盈率为 22.55 倍，指数为 5178 点，似乎有些不搭，但此时深证 A 股市盈率已经在 60 倍以上，由于当时以杠杆牛市炒小票为主，所以结构性行情中显示指数的大涨，高估的就在小盘股指数，那时候能熬过来继续创新高的大多是以银行为代表的大众蓝筹白马股，而很多业绩不能持续成长的中小企业至今还无法恢复元气。这就是研究整体估值的魅力，在我们自下而上选股的同时，对于个股估值高低捉摸不定的模糊区间，不妨稍加留意下整体的估值水平，这可以让投资者清醒认识整个系统运行到了什么位置。

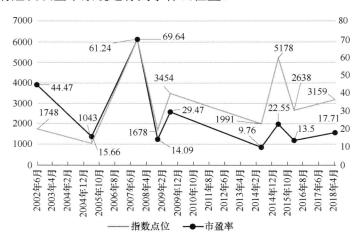

图 1-19　上证 A 股指数、市盈率高低点折线图

市盈率区间选股买入是如此有效，那么我们看看其背后的道理。

市盈率是某只股票每股市价与每股盈利的比率。市盈率也称"本益比"、"股价收益比率"或"市价盈利比率"，基本体现了单位购买成本和单位盈利之间的比率。在很短的一段时间内，比如一年内，整体市场综合的盈利水平极限增长是有限的，但指数可以快速上涨 50%或更多。那么就会有人在短短一年时间内付出比一年前投资多 50%~100%，甚至更多的价钱买几乎是同样盈利水平的标的，这里就蕴含着一定的风险泡沫。想一想，同样估值的标的在短周期内价格差异巨大，这里面肯定有一大批人在比较疯狂地非理性买入，因此可以认定：能够真正落实价值投资理念的人，其实在市场上罕见。这也符合，在这个市场上只有极少数人能够持续获取满意收益的输赢规律。

那么，最简单的价值标准条件就如沃尔特·施洛斯所言：关注上次熊市底部的价格。言外之意就是，上次熊市底部的估值极具参考价值，我们从前面的指数和市盈率对照图可以看出：即便不能找到每一次的价格底部，但至少我们能够轻松买在大致的安全区域。

我们再来看看市净率（每股股价与每股净资产的比率）相对低点时的未来发展状况（见表 1-7）。

表 1-7 2002—2018 年四次熊市底部的综合估值情况

指数低点时间	对应指数	对应市盈率	对应市净率	随后指数最高涨幅
2005 年 5 月	1043	15.66	1.67	500%
2008 年 11 月	1678	14.09	2.15	112%
2014 年 5 月	1991	9.76	1.29	160%
2016 年 2 月	2638	13.5	1.55	38.4%

注：统计数据截至 2022 年 4 月 9 日。

我们进一步来讨论以下几个问题。

（一）为什么要关注指数大涨大跌

作为普通投资者，对于企业研究程度有限，但可以选择优质龙头企业做成一个类指数的大组合，那么不用非常细致地研究个股，靠一般常识选股就可以。而且整个市场比较低迷，指数一再创几年新低的时候才有可能大范围地出现深度价值股票，这时候选股买入比较轻松。所以，要关注大级别的指数震荡，它直观地反映出市场集体情绪：恐慌或是贪婪。

（二）以上几张表说明了什么

在我们 A 股市场中的机会并不缺乏，最缺乏的是耐心，在我统计的 16 年里，大致出现了四次机会，平均四年一次大机会，一次"鲤鱼跳龙门"的机会，实际的个股涨幅要比看到的指数涨幅更猛烈，也出现过一些优质股在指数涨幅一倍的情况下，自身上涨 3~5 倍的情况。

（三）如何认准最佳的交易机会

没有恐慌的大幅下跌，就没有最确定的深度价值投资，什么品种都是如此。每次回看指数或个股股价从一个暴跌的深坑里面慢慢爬出后，就会惊叹其价格竟然达到过这样的低位。但的确能买的人很少，总会有人后悔没在暴跌之后多买些廉价股票。那是因为每场大跌必有缘由，必有恐慌气氛围绕，能坚持深度价值和保守思维，排除周围所有困扰、羁绊而分批买入的只有极少数人。所以最佳交易机会就是：**市场已经进入了估值历史低位，但受消息面影响又继续恐慌大跌的时候**。针对绝佳的布局机会，深度价值投资者的应对策略就是：先自下而上选择个股跟踪，在等待整个市场的过度低迷期，实施买入，然后在估值低位的恐慌下中仓或重仓进入，长期来看，这样出错误的概率非常小。

第六节　心无旁骛方能大有所成

一、离伟大的成功只差一步

有朋友说坚守价值投资很难，像我一样如果没有什么大经济负担还行，一旦经济条件稍微差点就很难说守住股票了。再有，心理负担很重，与其守着不动不如宁可少赚点，见点回头钱。所以大多数人喜欢折腾，喜欢常有落袋的感觉。为了解决爱交易、爱动的毛病，我们之后的一章里会运用"组合仓位比例平衡法"来被动管理账户，它很适合普通投资者，既能守住长期价值成长主线，又能满足普通投资者时不时爱动的需求，但这要求严格按照纪律来"动"，并不是提倡随意而动。

我谨慎地分析了一下大家的具体情况，在做价值投资之前，大家可以采取一种较好的方法来实践投资方法、平衡自己的心态。

总体方案是同时具备三个操作条件。

（1）**必须在自己最熟悉的少数几只股票上操作。**

（2）**必须在自己已经认定的最优质股票上操作。**

（3）**必须掌握分寸，分批操作，不能孤注一掷。必须给未来的安全边际或市场极度冷落时候留一成仓位。**

这样一来，随着时间的推移大家会渐渐熟悉股票秉性，不断研究后熟悉了这家企业真正的实力和成长因子，掌握了投资获利的本质。再经过不断总结，无论操作还是持有，大家往往会得心应手。经过反复的实践总结，随着大家对价值投资的更深了解，以及对企业不断成长和长期市场行为的深入了解，会愈来愈厌烦不停地操作。随着资金的一点一滴积累，持有信心倍增后，大家坚守最优质股票的信念就轻松树立起来了。

任何时候都要谨慎从事，成功就是一步步从实践中获取宝贵经验，然后锤炼成自己独特的投资系统。如果仅仅是一味地学习别人、照搬别人是不会有大进步的。如果我们有跟着企业一起改变、引领世界的想法，如果我们长期持有一些能够改变世界和引领世界的企业的股票，未来我们的收益空间就会变得异常广大。但这需要我们在持有过程中，站在和顶尖企业一样的思维层次上去想问题。

回头看看，那些过于关注短中期市场股价、战战兢兢、犹犹豫豫的持有者，最后极有可能跟不上优质企业长期成长的红利，最终落了个"炒股者"的平庸收益。那些所谓的"炒股者"，他们不知道自己辜负了伟大时代赋予的辉煌复利收益。

投资其实根本不用追求刺激，我们争取用组合制胜，而不是找到某一两只牛股就完成了常年复利。长期来看反正自己的复利水平难以持续大于 30%，所以我们还不如追求稳稳的幸福，降低短期收益预期，精准建立组合中的每个分子，踏踏实实拿着价值标尺做最优质股投资组合，不做不切实际的臆测涨幅。市场行情和宏观经济走势预测与自己无关。

优秀企业制胜的关键是自身的"护城河"。从投资者角度来理解，护城河要护住的是未来现金流安全实现，护住的是我们投资资金不遭受永久性的损失。所以企业长年稳定高息分红也许能说明很多问题，尤其是持续十年、二十年的具有成长性分红的高现金回报企业。这样分红说明了其地位，其竞争对手难以干扰其强大的盈利工作。

二、心无旁骛、大有所成

价值投资者的观点和大多数市场人士不一样，持续下跌后的大跌，我们力争克服恐慌，这时候我们能追加股数就相当于给未来复利"装上了翅膀"。如果每年有现金流入，哪怕是积攒的分红股息分配所得，也能用来多买一些股数。不断地现金流入，就叫

"装上了翅膀的复利"。也就是说，在不断复利累积的过程中，基础资产盘越来越大，即便是在未来复利不是很高的情况下，"滚雪球"的累积导致最终资产扩大速度也是非常快的。长此以往，资产总的绝对收益就会相当大。

公司在勤勤恳恳不断努力，市场人士却看着市场价格波动胆战心惊，说好了"买股票就是买企业"，企业还在稳扎稳打地努力前行，很多人买股票却似乎买了个"惴惴不安"，殊不知，未来的大胜利就在市场人士的不安和股价不断下跌中酝酿积蓄而来。

如果拉长时间看，我们会看到最优质核心资产企业的低点不断地抬高，而且每隔几年，这些核心资产股的股价就会不断创上市以来的新高，而那些追逐热点且喜好追涨杀跌、追求短期收益的投资者，也会每隔几年就望"核心资产"兴叹，这是必然的。因为他们不理解谁是整体经济的成长与发展的中流砥柱，谁是经济发展中最优资源调动者和借力者。如果我们过分研究宏观经济或者各种影响股市波动的因素的话，就会陷入无穷无尽的问题梳理中，或进入短线操作的误区当中，最终错判次数会急剧上升。

虽然在市场极度低落且处于不断阴跌时，大家都感觉很困难，都同样在熬着。但是机会是给那些有准备的人的。有些人在熬着的同时能不断地增加自己的股数，能坚持守得云开见月明时。不得不说，最关键的时候，投资所掌握的大多数知识和理论似乎都显得那么枯燥晦涩。有人觉得这个股市到处都是坑，其实整个股票市场就和人生一样，总会有一些困难和迷茫的时候。如果我们没有基本的投资知识、阅历和收益上的正反馈，那么肯定要面对市场上一些难以逾越的困难，就是大家以为的"坑"。对大多数没有方法的人来说，进入股市赚不赚钱，应该是找自己的原因。长期来看，自己的盈亏其实和这个市场没有太大的关系。

那些成功的长线大赢家看似无所事事般"躺赢"，其实在"躺赢"当中需要相当丰富的投资经验和投资意志品质，如此他们才能表现出那么淡定安静、超凡脱俗的长持。本身能安安稳稳长期赚钱的人，都是基于自身的天赋，更重要的是其后天的阅历和努力，最终塑造出一个看似很简单的赚钱模式。其实每一轮赚取的丰厚利润都不简单。投资赚钱不是体力活，一定是脑力活，如果我们的认知程度到达不了这个级别，就可能享受不到长期投资带来的快乐和丰厚收益。

第二章

观：建立正确的投资视角

第一节　建立投资"三观"

一、学会延迟满足，树立赚钱观

在股市上大多数人都赚过钱，也可能亏过钱，但到底什么算是在股市上赚钱？这个问题可能很多人没细琢磨过。我在股市混迹20多年，曾经看见过配资加杠杆的朋友在两三个月时间内赚了六七倍，熔断之后，过了不到一个月，把所赚利润完全抹平，最终还险些赔本的情况。就更别说那些不断买、不断"割"的情绪化操作者了，几个月亏掉60%或70%以上的情况并不少。

根据我多年的投资经验大致估算，如果资产涨了10倍以后，不加杠杆的话，就很难再亏回去了。如果没有10倍收益的话，3倍或5倍收益也许都是一场偶然，再经过市场一大段时间折磨的话，都有可能再把利润全部倒回去。那么，我们把资产涨了10倍以上才叫开始赚钱吗？好像有些道理，但这里面有两个关键点。

（1）有持续赚钱的能力。

（2）不断注意风险控制。

这个市场上想让你长期亏钱，也不是那么容易的事情。如果一个投资者有长期比较稳定的投资方法，能够持续不断地让自己的资产以满意的复利收益率增加，这才真正算是在股市赚了钱，

第二章 观：建立正确的投资视角

或叫作在股市里会赚钱了。如果一个投资者不管在股市赚了多少钱，但他是凭借运气，而不是自己系统的投资方法，也很难说他在股市能赚钱。因此有稳定的投资方法，能够稳定赚钱才叫真正会赚钱。

有人在股市上喜欢多次赚钱而频繁交易，以为赚钱的次数越多越好，所以展开短线博弈。但是交易越频繁，判断越多，反而出错越多，越难以赚钱。其实，要对比次数来说，在精益求精的基础上，并在极少亏本的交易前提下，我倒觉得在股市上赚钱的次数越少，可能赚取的利润越高。所以，巴菲特说一生只在投资市场打20个孔，如果降低赚钱的次数，每次只做一场延续数年的大"战役"，增加赚钱的利润空间的话，我们就会细心地挑选标的，不会轻易下注，就会赚得更多！

因为赚钱的过程就是我们人生的过程，这也表明了我们一种积极向上的生活态度，在股市中的终极目标是为了赚取持久的快乐。所以，我认为比赚钱更有意义的是：我们能在一生中做一件让自己开心的且对社会很有意义的事情。

我们不做那些繁杂晦涩、毫无确定性或是追求短期刺激的赌博式投资，因为价值投资创造价值生活，比赚钱更有意义的事情，其实是为了赚取更多的人生乐趣。这样我们总结深度价值投资的基础理念，建立正确的投资"三观"，第一步就是学会延迟满足，慢即是快，需按照长期投资的确定性和持续投资的乐趣来投资。

二、做好自己分内的事情：理性与专注

整个证券市场和整个世界一样，肯定会有很多我们理解或者不理解的东西，这实属正常，但不影响我们精挑细选做好我们的投资。价值投资者如何在这种看似很扭曲的，其实很正常的"股市江湖"里，求得一份真正属于自己的安心静谧和稳定收益呢？我想，建立"三观"是第一位的。其实建立"三观"就在构筑自己的能力圈。比如确立诚信理念，坚持诚信待人，并且以诚信的眼光去找自己心仪的公司；遇到困难的事情不怨天尤人，多注意修炼自身；不喧闹多学习，学会宁静致远；注意开源节流、不铺张浪费；做事情抱拙守一，利他无敌；看事情既要眼光长远，又要直指本质等。

我们关注的圈子，对我们的投资也有不小影响。所以，我们在构筑投资能力圈的同时，也要构筑自己的关注圈、行为圈、朋友圈，做对投资有益的辅助工作。这样我们可以更好地研究有价值的信息、有价值的企业和优秀的人，屏蔽无价值的噪声。

我们选择最优质企业跟踪，不必太多考虑什么成长股和价值股的区分。因为企业是一个有生命的主体，从人类进化史上看，投资就是助力生命的爆发。如果是一个有生命的物体，投资者当然要考虑企业未来的存活发展的问题，这样看其实根本没有什么价值股和成长股的区分：成长即是价值，价值即是成长。因为生命是注定要成长的，有生命的企业一定是在不断发展和成长中体现出自

身的价值，只是我们在区分成长的快慢而已。所以我们尽量选择未来有无限成长空间的顶级企业，才有可能获得最佳投资收益。

我们深刻了解投资的内涵，以及充分了解被投资对象之后，就会对不影响长期投资的一些短期因素毫不理会，就会对市场短期波动嗤之以鼻。过去我听一个朋友说，他在某知名品牌酒上亏了不少钱，我感到很诧异。我也经常听说在那些不断创历史新高的股票上，竟然还有人亏钱。后来我才知道，那些都是频繁交易的短线投资者，或者直接可以叫短线投机者：他们锚定的不是基本面，锚定的是趋势或者是满足自己的情绪与所谓的技术指标。也就是说，虽然很多人都买过或拥有过那些不断创历史新高的股票，但是结局却大不相同。

因此，理性与专注在投资中极为重要。最终证明，那些长期亏损的投资者，要么是选择错误，要么就是理念错误，要么就是交易太随意。

三、守护好一座山，培育好一片林：有眼光、有耐心

前面我们讲过，投资就是助力生命的延续，其实整个投资过程就像我们在"守护好一座山，培育好一片林"一样。我们选好了优质企业，做成优质组合，就好比选定了山林，埋下了种子，就要守护这座山、这片林，看着种子逐渐长出树苗，看到满山苍翠、都是高耸入云的大树。投资育林最怕见异思迁、拔苗助长和

失去耐心。

在写书的 2021—2022 年,我在自媒体上一再提醒投资者,虽然一些消费股和医药股的估值高得令人咋舌,但是其中也有被人冷落忽视的一些细分行业龙头的估值偏低,前途远大。同时有些顶级优质龙头企业,应对自己的高估值时:"有可能以时间换取空间来回归,也有可能用阶段性下跌或者箱体震荡来消除略微的高估,甚至它们会用未来几年继续的成长来消除当前的高估。"总之,虽然市场价格的走势难以预测,但是面对当前的估值,要么选择行业板块中为数不多的估值相对合理偏下的企业,这些企业基本上是困境反转的优质企业;要么在优质企业不断下跌的时候不断捡拾大为便宜的筹码,如果想坚决持股的话,那必须是持有行业一流的企业。这一点很重要,因为从一个超长期来看,只有少数行业的少数具有护城河的龙头企业才能长期穿越牛熊市,稳健地累积我们所需要的满意复利收益。

守护好自己的一片山林,这就意味着不建议单纯以市盈率或市净率为考量做板块个股的转换。

为什么单凭低市盈率或低市净率,不是我们长期投资标的参考依据呢?虽然很多人期盼着股价的上涨,但是那些仅仅靠低市盈率、低市净率为亮点的股票,为什么不会快速恢复到正常呢?

大家都知道股价的上涨需要资金的堆砌,资金进来很容易,但是资金进来的时候要考虑如何退出?它们期盼是市场给一个美

第二章 观：建立正确的投资视角

丽的热点谎言？还是给一个确定性的成长未来？还是仅仅凭揣测出现一场轰轰烈烈的大牛市？是仅仅把低估值变成合理以后，它就能安然退出呢？显然最没有底气的是把低估值变成合理以后，然后大资金会在合理的时候获利大幅度退出。那时候的退出其实也是很难的，资金过大的话，依然会把自己合理的估值打到很低，很有可能哪儿来的回哪儿去。

这就是"超低估值、没有大前景"的股票长期不受追捧的原因。尽管其市盈率或者市净率非常低，但如果没有一个美好的未来，一个不断成长的未来，没有很多的价值成长逻辑的驱动，也很难吸引大资金，因为它们进去容易获得纸上富贵也很容易，但退出就很麻烦了。

因此看来，更高级的做法是一直持有持续成长性最佳企业的组合，根本不考虑卖出问题。那么，这只有在具有护城河的好行业上可以实现，这就可以完全摆脱去寻求静态估值价值恢复的那一点点利润了，说白了取一节利润也是在寻求市场的差价。所以，摆脱市场差价诱惑的做法是最高级的做法，就像巴菲特说的那样："如果你不准备持有它十年，那么五分钟你都不要去看它"。

股市博弈无非就是多方和空方两个大阵营。在整个交易行情中，你可以在交易软件上看到买卖双方的对攻状态。然后红绿买卖盘作为两大经营进攻的炮弹，它们结合内盘和外盘的对杀，每天红红绿绿、多多空空、涨涨跌跌，竞价不停。那问题来了：是什么样的巨大多头力量进攻,使得某知名品牌酒从三四十元经过十五六年涨到 2000 元以上,从几百亿元市值一直到上万亿元市值?谁有那么多的"多头炮弹",为什么它具备异常凶猛顽强持续性的上攻劲头?其实,答案只有一个:企业基本面!

也就是说,我们在严格定性分析企业的情况下,对企业的商业模式和护城河做扎实的判断,是可以得到其长期走牛的答案的。因为我们可以得到企业经营发展中孕育的能量信号,从而断定企业的能量级别。

(1)**无限级别**:一线龙头消费、医药、基础科技、化工、建筑材料。

(2)**10 倍以内级别**:被低估的二线成长行业龙头,强周期性行业。

(3)**2~3 倍级别**:大幅度被低估的稳定缓慢成长企业。

(4)**小空间、小能量**:被低估几乎没有成长能力的稳定大蓝筹,随行就市。

(5)**无空间、无能量**:三无企业(无低估、无成长、无业绩),逐步萎缩。

这正是:多空争斗一笑间,复利还看基本面!

四、彻底抛弃雕虫小技,做减法需要大智慧

在投资市场上,"自作聪明"打败了大多数投资者。自作聪明

第二章 观：建立正确的投资视角

的人看涨跌，总是会分析短期的原因，总是会马后炮，而没有长远的前瞻性。比如此前核心资产部分下跌，遭到了市场很多人的唾弃，他们会以短期涨跌来确定股票的"好坏"。各类资讯上振振有词，谈论的都是时下应景的话题，没有人一直不厌烦地做规律性、常识性话题。

自作聪明的人会把一切原则、经验、教诲当成"鸡汤"来嘲笑，不愿意相信枯燥的常识和规律，这是市场大众的共性，即便自己熟知的正确道理，时间长了也抵不住人性的弱点，经不起市场的诱惑。因此投资经和投资"鸡汤"要常学常念，并且学会把简单的理论逐步落实到投资场景和投资实践中去。投资"鸡汤"就是价值投资者选择优秀企业和看向长远未来的一种坚定信仰激励、鼓励的一些话语。有些所谓的投资"鸡汤"看似没用，那是因为没经过投资者的大脑，没有设身处地联系具体投资场景。往往在关键时候，还要靠最基本的原则，平静的情绪、理性冷静的思考来处理。

如果我们具有长线思维，清晰选股之后只盯着自己持有优质股的股数，就能很好地贯彻自己的风格。在我个人的投资经历中，最难忘的日子是那些一边咬着牙念着投资"鸡汤"，一边在慢慢阴跌中不断加仓的熊市日子。我认为熊市时候的资金都是"革命"的种子，未来会收获几倍甚至几十倍，种下种子迎接开花结果是一种必然。我们有能力处理投资中的危机，有把"坏事"转化为

"好事"的想法和能力，这需要非常坚韧的毅力，就是要有超人的处事能力。投资中主要表现为从容不迫，越大事情处理起来越显得平静。

赚钱没那么容易，上涨的时候大家都会持股，下跌的时候就乱成一锅粥了。没有深刻地理念感悟，没有不断地修炼，大多数人是不会理解真正价值投资的奥妙。在投资中，我们始终既应以虚怀若谷的谦逊精神低位介入，又要有海纳百川的包容学习精神，重点是必须学会抱拙守一的"笨"方法。自作聪明的人很难做到知行合一、傻傻坚持，长期复利也就很难与有"小聪明"的人结缘！

第二节　建立正确的投资视角

一、第一视角：看未来，价值投资一定要重视未来兑现的观念

因为股票交易，一定是交给未来变现或出结果的投资活动，所以投资真相永远在未来才能揭晓。没有人能在今天预见未来的所有状况。也就是说，我们有可能看到的只是昨天的真相，但是明天的情况永远是未知的，我们选股只是在根据过去的商业逻辑、投资规律以及常识对未来进行推断，寻找大概率可以获得利润空

间的基本要素。也就是说，未来总是未知，但未来大概率上会围绕常识或规律持续延展。

绝大多数来到市场的"炒股者"却急功近利，希望赚取市场博弈的短线快钱，这种想法就会脱离长期基本面的情况。如果以短期的视角来看，企业基本面并无大的经营变化，那么短线博弈者肯定会受涨跌、情绪、短消息等价值投资者认为无用的信息诱惑。很多人会以为当前涨得好的一定是需要紧密跟踪的，并预计是未来继续表现好的；或者以为当前跌得多的一定是有巨大风险的，需要逃离的，是没有前途的。躲避下跌、追逐上涨是人性所致，其实所有人都会遇到上述类似情况，这就造成了股市里七亏二平一胜的结局。

我们怎么摆脱这种短视心理呢？有两个窍门。

（1）打开企业的年线图，看一看其长期走势，仔细想想，企业成长背后的原因是否发生改变。

（2）不要盯住短期市场走势去频繁看盘、看价格波动，应该把时间放在企业基本面的研究上，跟踪企业的经营情况。

这么看，"买股票就是买企业"这句价值投资大师的名言说起来简单，但要想能一直保持这种正确的方法和平和的心态，却需要长期的修炼。价值投资有两个核心的观念，虽然不被人们常常提起，但是这两个观念却贯穿投资始终。

（1）持续性发展。

（2）未来兑现。

两者是相辅相成的，持续性发展是针对企业运营研究来说的，未来兑现是针对投资收益实现来说的。不管从研究企业经营的绩效来看，还是从对企业做有效的估值来看，我们都需要有持续性发展的观念。其中就包含着永续经营的假设，我们以此可以进一步研究企业的护城河，以及企业在行业中的地位等，这是一些可以维护企业持续发展的要素。

从未来兑现的观念上，需要我们对价值评判，进一步进行未来趋势展望。因为企业的价值其实就是未来所有现金流的折现，所以我们不能静态去考虑估值以及考虑静态的市场环境状态，必须有一个未来兑现的观念，包括我们对社会的生产生活、未来发展的整个大方向有一个展望，凡是符合这个展望的龙头企业都可以纳入我们观察的范围。因此我们要记住，我们所说的价值必须是动态价值，能在未来兑现巨大的价值升值空间，没有未来的企业不会纳入我们的股票池，无论其如何被低估，如果没有确定性大致恢复时间表，也很难获得满意的复利收益。

由于人类生命和思维存在和固化人性弱点，价值投资一定不会被大众熟识并操作自如。换个角度看，如果价值投资被市场上众多极具实力的大资金所采用，也会导致绝佳的价值投资机会非常稀少。而价值投资的核心是购买一些具有未来巨大发展能量的企业，这样才能更有效地获得巨大的价值，但是这些能量大的企业，大多时候都估值并不便宜，这点大家要逐渐适应：是领先估值修复到位买入，还是花费时间成本等待最佳时机？仁者见仁，智者见智。

但无论怎样，当好企业出现年度大跌或是持续恐慌性下跌时，基本上都是最好的捡拾便宜筹码、增加股数的好机会。因此普通人的价值投资交易，做一气呵成的买卖可能不是最好的方法。基于不断等待最好的恐慌买入机会的操作，做一个较为长期的现金准备过程，我们可以采取不断长期跟踪分批买入的形式。我刚入市的时候，就听股市老手们说过交易心得："分批买卖收益高。"总之，追随最具价值的优质核心资产是最根本的投资要素，耐心做长久打算，多研究未来的变化，谁最有未来我们跟上谁，这样才有可能在将来不断兑现最丰厚的利润。

总结一下，"未来兑现"观念要求我们做到以下两点。

（1）长期看，选择最有未来的行业和企业。

（2）短中期看，进行分批交易是最有效的买入形式。

在价值评判和对未来展望密不可分的情况下，企业成长中蕴含的能量和逻辑的确定性就成为我们判断价值的必然选项。"无成长便无价值"，因此我们在做价值选择的时候一定要看到未来企业的成长态势。平常在做很多事情的时候，都遇到过做事犹豫不决、经常错过时机或者选择困难的人，这类人的根本问题是他们没有一个面对未来事态发展中的价值衡量的标准，即如果这件事价值含量差距不大，选择任何一种方式对结果没有太大影响，那应当机立断选择；如果这件事极具价值，也应当机立断选择。很多选择困难的人就浪费了大把时间在无谓的选择上，一是因为事先没有选择的价值标准；二是价值选择的时候，没有分析自己考虑的是长期价值还是短期价值。

投资也是如此，我们不要没有价值衡量标准就随意地进行交易，不要把价值选择建立在毫无根据的预测之上，也不要把经过长期的价值选择所做的投资，寄希望于短期就能有大幅回报。我们一定要学会延迟满足，大收益一定是时间累积的结果。

二、短视者无法获得长期持续的丰厚利润

在股票市场上，大多数人无法大获其利，只因为缺少对优质企业长久相伴的信心和耐心。因为大有未来的企业其实是显而易见的，但靠它们累积收益，就要耐心守候以年为单位的企业经营量的积累，是需要给予更多的时间的。绝大多数人会受到各种各样噪声的干扰，没有认识到企业发展和业绩奇迹的创造需要一个较长周期的发酵演变过程。绝大多数投资者都能对好股票脱口而出，即便是一些没做过投资的人，他也能说出一、两个让众人都心悦诚服的顶级好企业。这些大家公认的好企业，在涨势如虹的时候多数人下不了手，因为上涨恐高；而在其股价不断下落的时候，仍旧下不了手，因为对企业了解不深入，受情绪影响，感觉

似乎下跌无止境。

有些情况，做股票失败并不是因为自己的短视，而是由于受周边环境的压力或是家人的反对影响，造成了持股不坚决，躲不过一点点波动干扰或不良信息的侵袭。做投资如何说服家里人？这就需要我们耐心和家人摆事实，提前做好风险承受能力的全面评估，开始之前先讲好道理："好的投资，持有优秀的企业股票是普通投资者盈利的最好途径，好的股权是最好的长期资产。"当然知行合一是投资成功的前提保证：我们必须是这么说也得这么做。另外做好长期煎熬的准备，只要未来获得了不断的正反馈，也就是在获得了令人比较满意的复利收益之后，我们长期有不断进账的"银子"，这是说服家人的最好利器。

所以，我们要做好投资，需要与优秀的企业一起向远看，就必须厘清前路上的各种羁绊。优秀的企业什么样？优秀企业透露着两个突出优势。

（1）对未来有准备，现金流充沛。

（2）有眼光，并且有干大事的野心。

市场上，其实真正的好企业、好未来所带来的滚滚厚利，永远让短视者想象不到。深度价值投资的逻辑不仅仅是选取行业龙头地位突出的企业，关键是企业还有低估值加上好未来的条件。这样的企业即便是短期被炒作者强加或者是不经意沾染上某些概念，也只会影响它们短期的运行轨迹，但这些好企业的好未来所不断爆发的能量，永远让短视者望尘莫及。短视者不可能有信心、有耐心去把一个能创造奇迹的好企业坚守数年、数十年。

三、深度价值投资者第二视角：与"最安全"的企业为伴

1. "坚强"的企业最有安全边际

没有安全边际的价值投资者被卡拉曼称为"价值伪装者"："他们违背了价值投资的保守规定，使用夸张的企业评估，为证券支付过高的价格，没有给买入提供安全边际，并不是真正的价值投资者。20世纪80年代后期，价值伪装者获得了广泛的认可和很高的回报，这在那些年很流行。而到了1990年，企业估值回到历史水平后，多数价值伪装者蒙受了巨大亏损。"因此记住，偏执的保守并没有脱离价值，不顾安全边际的"价值"乐观主义反而偏离了价值投资。

很多人对价值投资有各种不同的偏见，这是正常的事情。比如，一谈到价值投资，我们就想到对钟爱的股票长期持有，其实脱离性价比的持有是不严肃的做法。但往往股票价格由低估到高估的价值回升过程都很漫长，因此不做好长期持有准备也是不行的。如果没有价值的标尺，多数投资者在做投资决策的时候都会非常纠结，他们总会自问："高抛低吸，还是长期持有？"这个问题其实是有逻辑问题的，即在价值投资者看来，如何交易和持有时间从本质上看没有太大联系，其实持有时间长短并不构成投资策略的组成部分，而是在一种投资策略作用下的附着在价值变化

第二章 观：建立正确的投资视角

上的一种结果。

为了不产生对价值投资理解的偏见，投资者必须紧抓价值核心。价值投资交易的核心问题就是安全边际，因为不管是企业成长收益，还是估值修复收益，最终利润的实现都会体现在买卖价差上。企业长久的分红可以解决部分收益实现问题，但多数的股票投资（非做空）肯定需要通过"低吸高抛"实现利润，关键是这个"高"和"低"如何确认。掌握了安全边际这一价值投资核心问题，我们就会清楚：有深度的安全边际就是"低"，没有安全边际，甚至出现泡沫的就是"高"。

如果"低买高卖"是投资获利的重要途径，那么安全边际的追求就是价值投资的最核心思想。安全边际是基于对企业基本面的严谨分析基础上的价值衡量结果，是对企业各个时期综合考察的结果：有对过去历史经营状况的定性分析，也有对未来成长性的保守研判，这也是基于"现在"企业地位的定性研判等综合性判断结果。

就如同商人做生意一样，做生意做买卖最先要做好"讨价还价"的功课，讲价的基础首先是对交易物品的基本价值有清晰的研判，然后找到交易的安全边际线，在安全底线的基础上进一步讨价还价以增加己方的获利筹码。这样的话，说安全边际是深度价值投资的核心，就是说所有的深度价值投资研究基本都是围绕安全边际展开的。

（1）研究企业"过去"，通过对企业过去5～10年的毛利率水平、净值产收益率、股息分红、资产负债情况的了解,研究其历史经营稳定性,并定性分析其行业地位和产品用户的忠诚度。

(2)通过对行业发展状况、企业产品、企业发展信息等了解,分析企业未来是否具有成长前景和长期持续经营能力。

(3)研究企业"现在",通过最近年报确认企业发展阶段和静态估值水平,对照心里给出的安全边际,研究当前针对性的策略:是分批买入?还是作壁上观?

《静水流深》中列举的外贸企业,只针对美元指数影响分析,没有考虑 2019 年以来的国际环境,所以本书增加了对企业脆弱性的研究,并以两只长年持续高分红的纺织龙头股为例进行说明(见表 2-1)。

表 2-1 纺织细分龙头安全边际分析表

纺织细分龙头	鲁泰 A (000726)	联发股份 (002394)	伟星股份 (002003)
定 性 分 析	色织布领域龙头; 必需品; 一体化生产; 高分红历史悠久	色织布全球第二; 必需品; 科技实力强; 高分红历史悠久	纽扣世界第一; 拉链中国第一; 实力强; 高分红历史悠久
最低点市盈率 (现在市盈率)	8~11(11.2)	9.2(9.75)	(略)
最低点市净率 (现在市净率)	1.1~1.6(1.3)	1.02(1.13)	(略)
最低点股息率 (现在股息率)	4%~5.9%(4.9%)	3.5%~4%(6.5%)	7.5%
过去经营历史 情况	长期优秀、稳定	长期优秀、比较稳定	非常优秀、非常稳定

（续）

纺织细分龙头	鲁泰A （000726）	联发股份 （002394）	伟星股份 （002003）
未来发展情况	慢速增长可期； 回购B股	产业链完整； 科技力量强	一站式服务广； 科技推动
安全边际评级 （2018年4月22日）	2018年分析：一定的安全边际； 2022年分析:有安全边际但处于脆弱细分行业，恢复起来艰难和漫长	2018年分析：有安全边际； 2022年分析：稍微进入安全边际，但细分行业脆弱，恢复起来比较艰难和漫长	过去一直看好的服装辅料龙头； 2022年分析：是纺织企业里面复苏快且较具"坚强"性质的企业
行业特点	直接外贸占比：60%； 必需品程度：60%； 快消程度：60%； 竞争力度：70%	直接外贸占比：30%； 必需品程度：60%； 快消程度：60%； 竞争力度：50%	直接外贸占比：25%； 必需品程度：90%； 快消程度：80%； 竞争力度：80%

下面我们来看这三家企业的年K线走势图（见图2-1）。

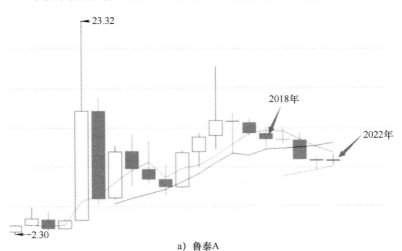

a）鲁泰A

图2-1 三家企业的年K线走势图

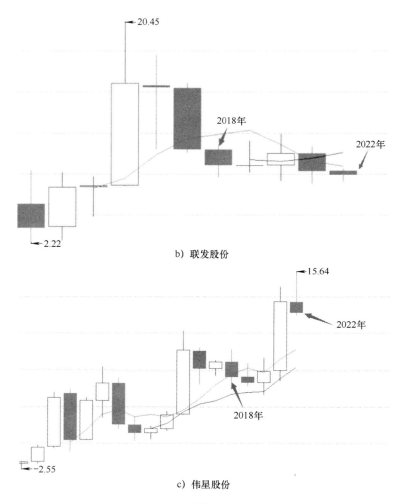

b) 联发股份

c) 伟星股份

图 2-1 三家企业的年 K 线走势图（续）

除了静态衡量之外，我们还要保证在未来一个较长时期内，投资者的"估值"是有效的、确定的"真安全"。所以，我们看以上三家企业，它们的差距就是在一个大行业下的不同细分行业的

"坚强度"有所不同。对于主业的色织布和服装辅料，对比其外贸占比、必需品程度、快消程度、竞争力度指标，我们可以知道伟星股份要比其他两家企业的"坚强度"大一些，从而估值恢复起来更快。

长期来看，企业的"坚强度"是安全边际分析中最重要的基础工作，也就是对企业行业竞争地位、持续成长、企业产品受众广度和企业品牌忠诚度做定性分析和研判，只有能持续经营的企业才有未来，有好未来的企业才有安全投资的可能。

2. 具有最大概率获胜把握的才叫安全边际

下面先来看一个概率游戏。

有一个口袋，里面装了五种颜色的彩球各一个，其中只有一个是红球，彩球随机混合放在口袋里，只留一个小口，让游戏者伸手去袋里抓球，每抓一次之前要付 2 元费用，如果能抓住红球，就能获得比较高的奖金回报。

问题是：给你最低多少奖金，才肯玩这个游戏？通过计算，你认为有约 20% 的概率能抓住红球，那么奖金至少是 10 元（抓五次中一次）才有赚头，你才肯玩。

我们来进行安全边际分析。

（1）我们认定 10 元奖励就是此次游戏的大致安全边际了，当然大大多于 10 元才好。

（2）只有抓五次或五次以上，或抓的次数越多越有可能接近理论上的概率，才可能不亏钱。

（3）运气原因导致可能抓五次甚至十次都抓不到红球，如果中途放弃，就会失败，保持信心相信概率，反复多次很重要。

所以，作为游戏者，你希望：

（1）最好大大提高奖金，就能够有足够的安全边际。

（2）最好抓足够多的次数，就会和心目中的大致计算的概率相一致。

（3）保持良好情绪，当运气不佳时，你有信心加大次数就会得到满意的收获。

投资中的"安全边际理论"跟这个游戏相似，回到投资市场简单归纳。

（1）仅通过提高回报，达到安全边际不够，要具有更深入的安全，有足够厚实的安全回报奖励才叫安全。

（2）给我足够的次数以充分抵消运气不佳或偶然因素带来的风险，投资上，除了认真研究回报空间之外，需要拉长时间，寻求优质企业，进行量的累积。

（3）要有足够的信心，投资中良好的心态和情绪是最为重要的。

通过上述对安全边际的重新认识，投资者经过反复和深刻感悟，就可以给自己在价值投资中遇到的大多数疑惑找到正确答案了。

第二章 观:建立正确的投资视角

深刻了解安全边际,就可以慢慢解答在投资路上的很多方面困惑。当然,投资和上面的游戏还有很多不同,除了追求交易价格空间上的让利之外,还可以利用优秀企业的高分红和内在成长因素去大概率地获得更完美的安全边际。我们为了预防各种风险,最好想尽办法用其他手段增厚我们的安全边际,图 2-2 列出了可增厚安全边际的三要素:价格、分红和成长。

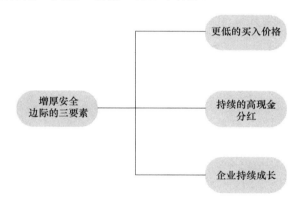

图 2-2　可增厚安全边际的三要素

总结:一个关于概率的小游戏,引发了我们对安全边际的深入思考。我们所做的投资无非是一种概率游戏,也一样要求投资者利用一切能力范围内的知识去增加获得奖励的概率。与此同时,投资者一定要保持良好心态,逐步构建一个适当分散的投资组合,然后按照基本的大规律来制定交易进退策略,最终目的就是获得大概率的胜算。也就是说,能保证获得大概率成功的投资策略,就是安全边际策略。

因为投资市场几乎总是在上一次大的牛熊市周期中轮转，人们贪婪和恐慌的本性总是周期性发作，所以价值投资者很容易依靠"安全边际"立足：耐心观察，乘虚而入，人弃我取，人抢我跑，完胜。但更高级的安全边际策略是"站队"，即永远站在最具持续成长的行业里的最具行业地位的龙头企业那边，跟随最优企业一起成长获利！

3. 如何坚定安全边际信心

有一位网友关于安全边际的问题，可能代表了很多价值投资者的心声，很值得研究，他说："老张您好，其实很多人都知道去寻找安全边际。但是问题在于，当自己估算了个股或者指数的安全边际之后，个股和指数依然持续下行，甚至大幅度击穿设定的安全边际线，这时候自己就动摇了，如何能够坚信某某地方就是安全边际呢？"

我从五个方面来回答这个问题。

（1）安全边际不是预测市场价格走势，对应的企业基本面的估值研究，不是市场精确的底部价格。这一点要格外注意，投资中带给我们最大安全的是企业，是有前途的企业，最重点的不是某一价格。我们常说买股票就是买企业，既然是买企业，核心问题就是出多少钱买这家企业的部分股权，且在未来能有确定的赚钱机会。这种赚钱机会可以是在市场交换中体现，也可以是脱离于市场存在的客观收益，因此我们所确定的安全边际价格与市场走势和市场短期喜好无关。

（2）从购买价格上来说，安全边际是一个模糊的区域概念，所以说在具有购买价值的区域内买得越低廉越有安全度、越有利可图，通常深度价值投资者会在简单设定的安全边际的位置上出现打折后，进行分批买入。

（3）要确信买入是否安全，一定要做好综合全面分析考量。价值投资者在考察安全边际的时候，要综合各种要素来评定其确定性。如前面对于纺织股的分析，定性分析企业地位和产品特性很重要，也要根据行业特点分析细分行业的坚强度和脆弱度。比如，行业龙头可能在危机时候复苏更快，这样的安全边际可能更加可靠；安全边际的出现肯定是市场不断抛售造成的，我们必须分析造成这种抛售的原因是由整个投资市场系统风险造成，还是单个企业或行业整体风险造成；分析企业所受伤害是短期对企业伤害，还是永久性对企业伤害。为了确保安全，我们还要对比每次熊市企业的估值水平和经营情况，确定当前的安全边际有较大概率是确凿无误的。保证安全最终是要靠企业的生命力。

（4）有必要将每笔交易多上几道安全锁，一定先要确保安全，后面才会有更强的交易信心。第一道锁是永不满仓，即便遇到安全边际打折的价格，也保守推进建仓。如果真是好企业，也不用一下子"吃"太多，关键要精准。第二道锁是不追逐小利润，适度分散布局品种。每一个行业别超过两只股票,每只股票要限制最大仓位,每一个标的要能展望到未来长期较大的利润空间。第三道锁是优中选优,一定要选择行业地位最佳的企业,一定要选择历史业绩和分红回报最优良的企业。

(5)思想单一简洁,排除噪声干扰,多做投资减法,不去费精力研究那些与安全边际无关的市场信息。熊市最低迷期间只有两个任务:第一,找闲余现金流,不断在安全边际下买入;第二,若没有第一个任务,远离股市,暂时别关注。常常复习本书所提倡的"不为清单":只要持股是顶级优秀的,那让时间自然而然地解决一切问题。

越是喜爱投资这个行当,越是要期盼获取巨额的投资收益,越是不要整天沉溺于其中,放手的条件是做最有把握的确定性很高的事情。放手就是放下心来,依据价值估值做耐心等待或耐心持有,也许是对投资的一种更加深厚的爱。

4. 股票安全边际的估算方法

安全边际的主要内容就是计算证券的市场价格与内在价值之间的差距。格雷厄姆的"内在价值"概念可以这么理解。

(1)内在价值是指一种以既有事实——如资产、收益、股息、明确的前景——作为根据的价值,它有别于受到人为操纵和心理因素干扰的市场价格。

(2)内在价值往往是模糊的区域概念。

（3）对内在价值理解的基础源于对债券的理解：普通股投资的安全边际是指未来预期盈利能力大大超过债券的利率水平，而超过的部分就作为普通股投资的安全边际。

（4）这意味着安全边际的两层概念：保证本金和拥有超额收益。也就是说，在此区间内买入股票是未来可能获得超额收益的安全基础。

（5）巴菲特的内在价值是指一家企业在其余下的寿命之中可以产生的现金流折现值。内在价值是一个非常重要的概念，它为评估投资和企业的相对吸引力提供了唯一的逻辑方法。

（6）对于内在价值的估算，还有市盈率法、市净率法、PEG（市盈率相对盈利增长率）法和股利贴现的绝对估值法。

（7）对于安全边际，最好的研究就是参考历史六熊市底部的估值，这对安全边际的建立有极大帮助。

虽然确定内在价值的具体数值是比较粗略的，但如果价格一旦深深地落在了内在价值区间内，这种情况的判断应该还是比较有把握的，这就是有了确定的安全边际。在深度价值投资的安全边际确定之初，我们应首先判断标的企业的经营和财务稳定性如何，也就是定性分析企业过去、现在、未来的简单状况。然后利用综合的、客观的财务信息对该标的内在价值区域进行划定，结合上一个极度低迷时的估值状况进行对比分析和研究，从而确定可逐步买入的较为安全的价格区间。这样做非常有实战效果，不会因纸上谈兵而错过最有价值的投资机会。

我们利用实战例子来具体解读如何认定和利用安全边际投资不同类型的股票。

第一类：高息周期性行业龙头

以宝钢股份为例（见表 2-2），企业描述：行业龙头，产品高附加值，必需品，业绩稳定，但具有一定周期性。

表 2-2　高息周期性行业龙头

熊市最低点	价格（元）	净资产（元）	市净率	收益（元）	市盈率	每股分红（元）	净资产收益率
2005年11月14日	3.76	3.35	1.12	0.75	5.01	0.32	24.67%
2008年11月06日	4.26	5.05	0.84	0.73	5.84	0.35	15.22%
2014年03月20日	3.54	6.71	0.53	0.35	10.11	0.1	5.26%

强周期行业高息龙头股在历史大低点估值有所差异，但如果行业周期低谷对应市场整体估值在历史较低区域，可以跟踪发现企业一些明显的特点：业绩下滑 50%，股息下滑 50% 以上，同行业二、三线企业开始出现业绩大幅度下滑甚至亏损。但在龙头股表现最差的时候也有股息派发，净资产收益率（ROE）在同期也至少折半，最佳的参考指标就应该是市净率。在最坏的时候，我们应该考虑净资产打八折或更低的时候开始分批买入，在其他强周期行业高息龙头股，比如中国石化、中国神华、海螺水泥等都能体现出来这些特点。但记住，一定是行业绝对龙头才值得被我们跟踪和考察。

第二类：ROE常年大于20%的高息消费龙头超级品牌

以双汇发展、贵州茅台和格力电器为例，进行2008年熊市底部估值分析（见表2-3）。

表2-3 高息消费龙头超级品牌

超级品牌	2008年熊市低点价格（元）	市净率	市盈率	股息率	净资产收益率
双汇发展	23.2	6.5	25	3.4%	26.7%
贵州茅台	84.2	9.7	28	1.0%	39.3%
格力电器	13.9	2.0	9	2.1%	31.9%

从表2-3中可以看出，ROE大于25%的超级品牌的股票，很难精准确定安全边际区域。如果我们错过2008年的买入机会，也就错过至今至少5倍的涨幅。那么我们如何买这些超级品牌的股票？有两个办法。

（1）**市场指数大幅下跌，参照市场总体估值水平买入**。比如，A股平均市盈率在15倍之下，分批买入这些超级品牌。

（2）**在这些超级品牌所处行业整体受到软伤害的时候买入**。比如，茅台在行业利空打压低落时候出现10倍市盈率，伊利在行业发生"毒奶粉"事件等。

第三类：高息隐形冠军

这些基本上都是轻工制造业或是零配件等细分行业企业，股票买入的最佳安全边际一般设定在1.5倍市净率以下、15倍市盈率以下和4.5%股息率以上的水平比较好，当然具体股票最好遵照前期熊市大底部的一些估值特征。具有一段时间高成长的隐形冠军企业，可以适当向上浮动估值，但要找到确定的业绩成长性因素，如开拓销售渠道、收购扩产等明确的成长信息。

第四类：高息大蓝筹

比如，稳定的大银行股，历史上看一般处在 4～6 倍市盈率，再加上大于 6%的股息率是一个较低的估值底线。很多成长缓慢的高息蓝筹价值线比较明显，如果再综合市净率和股息率等标准判断后都很合适，不妨看作高息稳定性债券，当成资金库把现金安全存储起来。

第五类：港股通

因为流动性原因，我们只研究一些高息国企股大蓝筹就行了，可以在同等 A 股估值基础上打八折来进行研究，对股息率适当要求要更严一些。

第六类：地位突出的超级品牌科技股和医药股

比如腾讯控股、药明康德、恒瑞医药等，需要一个适当的市盈率倍数（如 25～30 倍市盈率）和市场悲观环境配合，逢下跌分批买入进行比较长期的持有，因为其有难以撼动的行业地位，我们可以享受不断成长带来的溢价收益。

总之，多研究历史估值低点的各种财务指标状况，多分析形成的本质原因，对不同行业和地位的企业采取不同的估值标准，这是比较科学、客观的投资估值策略。

在计算自己股票池股票的安全边际时，不要忘了：一定要选择具有无限能量级的企业（参考前文关于能量级的分类）。只有选择最高能量级别的企业，未来才最具安全性和收益性！

5. 把潜伏变成乐趣，塑造出性格

记得 20 世纪 90 年代刚入市的时候，在交易大厅里的老师傅就对我说："买跌有利，买涨留意。"这句话是我记在自己的笔记本里"投资札记"的第一句话，虽然当时闪现在脑海里的只有一个涨跌的概念，还没有认真挖掘背后的企业价值内涵，在不断跟踪研究后发现，买在市场大的坑洼低迷地带，一般获胜的概率确实都大于盲目"追涨杀跌"。

我们都知道，确定的深度投资价值绝大多数都出现在市场持续杀跌之后，因此关注整体市场的持续大跌，对投资走上正道大有益处。趋势投机者想顺着向上的趋势截取一段利润，就有可能在确凿的趋势信念之下丢掉价值判断，想趋势和价值两者兼得更是难上加难。时间长了早晚会遗忘深度价值投资理念和保守思维的基本规律，如果一旦不符合我们前述的复利产生的基本要素的要求，做成"四不像"的投资，结果就不可知了。如果捕捉趋势，难上加难的是：走过去的趋势总是能够看得清清楚楚，未来的趋势总是扑朔迷离，如果对趋势反复确认，投资者进进出出，交易频繁会大伤元气。

经过了几场牛熊市反复考验的投资者，基本会有这样的深刻体会：都曾看见过深坑，也知道那时候买入很具价值，但就是没有可以动用的大笔现金了。该买的时候没钱，怎么回事？其实这是大家都常犯的毛病。因为太多人在市场热闹的时候，太潇洒、太随意地向外甩钱，把"钱库"大门锁得不紧，等不到市场低迷满地"金条"出现时，就在高位买了些"破铜烂铁"而打光了"子弹"，将本该潜伏在黄金坑的资金弄得支离破碎。

投资者能做到真正潜伏于价值黄金坑实属不易，有以下五层关卡需要突破。

（1）第一层：**切忌跟风追涨**。指数在快速持续大涨的时候，诱惑我们跟进追涨。

（2）第二层：**切忌盲目抄底**。做到了不追涨，但又开始毫无价值理由地追跌，看到目标股票下跌就想着抄底。

（3）第三层：**认准价值，关键时候不恐惧畏缩**。有了价值标尺，不追涨不随意抄底了，但是又有可能保守过头，真正有价值了倒又有些恐惧了。

（4）第四层：**耐心守候，静待花开**。不追涨、不随意买跌、有了价值标尺，也不恐惧，意味着基本成熟，但很多时候耐心不够，所以继续修炼第五层。

（5）第五层：**持股收息，等待过激，深度潜伏，修成正果**。把潜伏变成乐趣，有条不紊地或持币收息，或持股收息，合理布局仓位，耐心等待上下过激出现。

要保证长期有足够现金，就一定要学会控制仓位。随时保留现金，投资者也会得到市场最高奖赏："会得到数年内几乎所有最具价值深度的、最好的投资机会。"但是，难点就是必须要有严格约束，控制好操作的欲望，过滤掉那些似是而非的小机会。保守的仓位要求的目的就是争取用"价格深度"战胜仓位不足的缺憾，同时也用仓位保守来躲避市场系统性的大风险。

潜伏于很深的价值坑还有两大好处。

（1）**躲避黑天鹅事件**。黑天鹅事件往往爆发于股价暴涨之后，只有跟风者云集的市场状况，才有可能给造假者、敲诈者、做局者以可乘之机。

（2）**弄清事态原委，还原本来面目**。股价大幅下跌，市场毫无价格差价，盈利效应可言时，市场往往是最干净的时候，也是很多"暗疮内伤"暴露最彻底的时候。因为一些谎言和欺诈在熊市中难以骗取众人信任，缺少市场配合的气氛。反之，在市场热闹的时候最容易让人失去理智，铤而走险，盈利也很容易。因此，潜伏的一大乐趣就是拂去表面尘灰，看清企业真实的价值。

培养乐趣就是在培养好习惯，但这要看人的性格，每个人的性格不同，对于快乐的要求也不尽相同，但一旦某项工作有了无尽的乐趣，坚持下来就不会成为难题。对于那些欲念满满，喜欢寻求刺激，贪婪的家伙，可能永远就没有什么真正乐趣可言。因此，我们投资修炼的任务就是：把潜伏安全边际变成乐趣，乐趣激发坚持，持续坚持下来变成性格的组成部分。

四、如何看待风险和做好风控

1. 如何理解风险

从表象上看，投资者为实现自己的投资目的，对未来投资活动可能造成的亏损或破产所承担的一些危险就是投资风险，有可能是在股票交易中会因为交易主体对于未来风险预计分析不足，而产生资产永久性损失的风险。虽然导致投资风险的因素有很多，比如，政府政策的变化、管理措施的失误、形成产品成本的重要物资价格大幅度上涨或产品价格大幅度下跌、借款利率急剧上升等，但其中有短期风险和长期风险两类。我们对股票投资"风险"做一下全面认识。

（1）风险是一个概率问题，但重视程度却不能依靠概率的大小。风险是我们对未来有害于我们的危险进行的评测，并不是能100%确定发生的事件，然而有害事件不管有多大概率发生，都是必须注意提防的。比如，很多交通事故的发生是由于忽略了交通规则，因此我们出行必须遵守交通规则。但有些人说全世界过马路闯红灯的人太多了，安然无恙的占绝大部分，出事的只是极小部分，所以会认为闯红灯出事是一个极小概率的事情，我们可以不认定这具有很大风险。这是一种错误认识，因为风险大小和触发的确是一种概率问题，我们重视的程度与否主要与发生后果的严重程度有关，最怕的是忽视小概率而造成毁灭性打击。在2015年的杠杆牛市后，很多投资者都有相当惨痛的教训。

一定要重视那些被自己可能忽视的因素的威力：关键是知道不利因素一旦发生，我们的损失有多大。人们永远爱听顺耳的话，投资却与人性相反，应该时常听听最差预估的话：如果疏忽小概率，一旦出现，可能会大概率造成无法挽回的损失。

（2）**风险不能以短期收益和短期市场波动来衡量**。比如，购买乐视网的股票，2015年5月之前持有几乎都有不菲的获利，在此之后，乐视网的股价开始从慢慢崩塌到急速崩塌。保守投资者认为只要不符合买入条件的股票就不买，或至少应该仅仅作为组合的一个小分子，因为风险不能以短期利润来衡量，不管持有获利与否，风险等级都是一样的。

（3）**多数风险来自人的情绪和喜好的倾向性**。有句话讲："道理几乎人人都懂，却依然有很多人过不好这一生。"这里除了运气原因，多数都是因为人的情绪和喜好的倾向性阻挠了在正确的路上前行的步伐，这包含了两点：一是理智被自己所处位置所蒙蔽；二是凡事都要寻求别人产生共鸣的安慰，才感觉到安全和正确。其实，好的投资决定是那样孤立无助，共鸣越少，对的可能就越高！查理·芒格说："喜爱倾向造成的一个非常具有现实意义的后果就是，它具有一种心理调节功能，促使人们忽略其喜爱对象的缺点，对其百依百顺；偏爱那些能够让自己联想起喜爱对象的人、物品和行动；为了爱而扭曲其他事实。"

（4）**投资市场上的风险来自众口一词**。天下没有不散的筵席，当市场上大多数人一直向上看的时候，疯狂到人人都会赚大钱的时候，那么我们就要琢磨提前与众人说声再见，离席而去，不然买单的就有可能会是自己。同样，在市场极度低落，深度价值遍地的时候，市场大众一片恐慌悲鸣，这时候其实做空的风险更大。这样看来，风险预防主要是事前防范，事中事后行动是辅助。事前做好各种风险防范计划，然后坚定地去执行，事中事后行动只是对计划执行的程度加以保证和完善。

2. 价值投资者的真正风险

"富贵险中求"看起来好像没错，对于价值投资的买入行为，从外人看来，尤其是从趋势交易者看来，价值投资是在图形最险的时候开始出手，似乎是冒险者。但换一个角度来衡量价值投资者，其实是在"富贵稳中求"，因为在这样的"危险图形"下隐藏着较为安全的资产估值、较为理想的买入价格，以及承担其实更小的交易风险。

所以，投资理念不同，结论不同。其实不同风格投资者无法站在一个基点上交流。这时候曲高和寡的价值投资才会倍感寂寞冷落，因此我们会深切感受到价值投资之路，的确是人迹罕至。

我们做个老板招聘员工的假设：喜好趋势投资和价值投资的两位老板同时招聘，看到某人，30岁，以往两年一提拔，一年一

第二章 观：建立正确的投资视角

涨薪，不断升职、不断有所突破，上涨趋势堪称完美。趋势投资者按照上升路线看，愿意"收购"此人。但价值投资者用基本面分析看，认为目前此人市场价格（薪资要求）有些透支其内在价值，此人的专业行业特点其实再没有很大的发展余地了，而且此人性格中有些不稳定因素，并不沉稳冷静，还喜好各种概念的炫耀、喜欢奢侈消费、个人资产中负债比重过大，使得未来发展具有很大不确定性。以合理的静态估值看，显得"成本"非常高，成长因素还不牢靠，性价比不合适。趋势投资者可能在短期内获得一些利益，虽然此人很抢手，但价值投资者并没有将其列入参考用人的"招募池"内。

因此，趋势投资者认为的风险多是表面的股价走势的危机，或图表技术分析出现的坏结果。他们认为这是最实际的东西，以当前的走势来推测未来的变化。而价值投资者认为的风险是企业长期发展中的基本面向恶的问题，另外股价严重高出企业内在价值也是重要风险源。

大多数投资者思考的是如何赚快钱，所以更注意的是短期信息和短期波动。但是大家同时都知道的短期消息有可能使股价一步到位。而过于短期的波动完全是人们情绪的宣泄，没有扎实的基本面的支撑和反映，且快速的信息变化往往使得普通投资者猝不及防。因此，作为普通投资者，别思忖着能比别人聪明而提前一步交易，显然赶在短期消息之前布局是不可能的。但市场短期是投票机，很难由你掌握，而市场长期是称重机。"称重"这事大概率有迹可循，因此对于普通投资者，长线价值投资应该是最靠谱的投资方式。

总结一下，作为价值投资者必须关注三大真正的风险。

风险一：大众疯狂抢购，导致高价格产生，使得市场价格"失重"，严重脱离基本面的价值。

风险二：将大概率能取胜的简单事件抛弃，去追逐小概率取胜事件，投机博弈于短期消息。

风险三：受到大众恐慌情绪感染，抛弃正确的投资价值观，情绪紊乱。

从上可以看出，风险出自两方面：一是企业长期基本面发生质的变化；二是投资管理问题，主要是投资者情绪和性格的稳定性问题，或投资策略偏激。

所以从投资伊始，我们就要厘清正确的投资"姿势"，牢牢锁定企业和投资者的正确介入轨道，踏实做好投资规划，步步为营实施完成计划。如果这样坚持下来，投资成功并不是一件难事：我们摒弃风险从选择投资企业开始，从合理而保守的估值开始，并一路保持正常的投资心态，坚持原则，不断复利累积收益。

人们总会遇到认知的盲区和思维情绪错乱的时刻，因此习惯性地懂得且做到远离悬崖、拒绝风险，比学富五车、消息灵通要管用得多。这是性格上的造诣，普通投资者需要长年累月修炼和学习，所以能够真正做到价值投资的人不多。

风险防范的六个重要步骤。

第一步：选股，选择最优质企业进入股票池，伟大企业选择是第一步，这也是防范风险的第一步。

第二步：等待合理的价格或是安全边际的价格买入"伟大企业"。

第三步：在不断跟踪和研究下，分批进行买入。

第四步：合理安排现金和股票的比例，做到以防万一，随时保留一定量的现金。

第五步：在持股发生质地严重变化，经营上出现大问题，可能造成永久损失的时候，要果断处理。

第六步：在市场过分追捧，估值透支很多年，即"上过激"时，可以逐步减仓处理。

第三节　只盯住最优质企业

一、好生意、好股息：显而易见才是真的好

未来总是充满诸多未知，因为有很多成长股有过几十倍，甚至上百倍的涨幅，它们无可争议地成了投资大众纷纷追逐的"明星"榜样股，于是那些似是而非的"成长股"引诱着人们蜂

拥买入效仿，掀起寻找数倍股的淘金热潮。虽然未来的高速成长最诱人，但在普通企业没有拿出优秀成绩单之前，我们还要谨慎对待。

虽然发展时快时慢，好企业大多惯性继续向好，因为优秀者已经具备了优秀的基因，这是我们选股的基本理念。所以，深度价值投资者非常在意选择跟踪过去十年有最优秀表现的企业，我们只愿意与这样的企业为伴。

(1) 做一项显而易见的、简单的好生意。

(2) 习惯于回报股东的好企业，显而易见的长年好股息。

依照这两个标准做一个股票组合，其中大体分三类：常年高分红的隐形冠军企业、常年高分红的超级品牌股、常年高分红的强周期困境龙头股。

(1) 将常年高分红隐形冠军企业列在其中，是因为这些企业的一些产品往往不与消费者直接接触，行业不热闹，很容易形成有价值深度的冷门股。这类企业的市值往往不是很大，但其产品在社会生产生活中不可或缺，有的是构成成熟产品的一个组成要件。市场不好的时候，容易被大众无情抛弃而股价不断遭受打压。它们属于细分龙头，市值不很大，存在并购重组机会，研究起来稍微需要一定的专业细分领域知识。比如一些行业的辅料、配件、原料、包装等企业。

伟星股份的分红与融资总额对照

截至 2022 年 4 月

行业属性：纺织行业细分辅料行业

主要产品：拉链、纽扣等

连续派现：18 年

合计融资：11.69 亿元

  上市实际募资：1.55 亿元

  累计增发融资：6.13 亿元

  累计配股融资：3.66 亿元

累计分红金额：31.2 亿元

上市市值：13.54 亿元

当前市值：94.86 亿元

总结：伟星股份累计分红已经大幅覆盖了总的融资额，而且总市值扩张 6 倍多。

（2）对于常年高分红的超级品牌股，我们完全可以将这类企业看成类似债券吃息品种一样处理，当股息率高到一定位置，市净率和市盈率基本处于历史低位时，作为无法寻找第一类企业时的第二选择，或者留做底仓。我们可以在近五年内净资产收益率大于 20% 的股票里寻找超级品牌股，利用行情软件里的智能搜索或智能选股爱问功能可以轻松找到目标，然后从目标群里再定性筛选具有极高品牌效应的行业龙头。

（3）对于常年高分红的强周期困境龙头股，我们必须以"预估业绩打八折和股价大幅破掉净值产"的标准去保守估值，严格筛选行业困境中能继续维持较好股息的行业龙头。比如一些能源股、矿产强周期行业中的规模优势龙头股。在经济低迷、产品价格降到上次熊市价格位置附近，我们就可以慢慢买入。

另外还有一些分红较少，但显而易见属于超级品牌里的顶级成长股。关于成长股的判断，我们不必纠结，如果含在以上三类里面最好，不在以上三类可以不予考虑或以极小仓位作为配置使用。股息考查的重点是持续性、稳定性，而不是某几年的高派息，优秀企业的优秀一定是一种习惯，而不是突发奇想。

选股根据一些简单常识就够了，但如何选股和如何买入是两回事。先依据常识定性分析选择企业，然后需要根据基本面估值的一些具体量化指标确定其深度价值位置，最后等待其深度价值的出现。买，就考量两个功夫，一是选，二是等。选就要选择显而易见的好企业，等就要耐心等待恐慌性下跌之时。

二、选择第一或唯一

除了以上对于长年股息的判断标准之外，选股最重要的是一定要选择第一或唯一的必需品生产企业。这是我们选股思想的核心，也是我们能够长线持股的信心保证。

为什么我们多次强调选股理念呢？因为选股理念不同，即便是持有同样的股票，最后结局也可能是完全不同的。塞斯·卡拉曼就说过："投资者和投机者持有的标的，有时也是一样的，但含义却完全不同：投资者持有的投资品可以为投资者带来现金流，而投机者却只能依赖变化无常的市场。"我们前文中提到选股要找显而易见的好企业，如果更进一步要求的话，那就是两点。

（1）**第一或唯一。**
（2）**必需品生产企业。**

投机者很少关心企业的内在价值，对待市场短期的风吹草动肯定承受不起，那么我们为什么要选择行业地位突出的股票做价值跟踪呢？前面讲过在计算企业内在价值时的估值具有时效性，如果未来企业的内在价值估值线因为行业地位稳固而能够保证稳定或不断攀升，那么之前根据估值的买入还是越来越有安全边际的。但是如果企业在竞争中不处于优势地位，会造成过去的估值随着企业竞争力的削弱而失去安全边际。

下面我们摘取四家 A 股上市白酒企业的九年市值增长表（见表 2-4）。

从表 2-4 中看出贵州茅台的九年市值增长绝对占优，如果当年准备投资白酒股，理应选择一线白酒中的最优企业，不然十年来复利水平会大受影响（见图 2-3）。

表 2-4　A 股上市白酒企业九年市值增长率

（单位：亿元）

股 票 名 称	2009 年 8 月初市值	2018 年 8 月初市值	市值增长率
贵州茅台	1 558.26	8 411.18	439.78%
五粮液	940.65	2 497.68	165.53%
泸州老窖	472.57	708.18	49.86%
金种子	22.37	31.80	42.18%

图 2-3　白酒企业市值对比

同样，我们来看看汽车行业（见表 2-5），一线企业的市值增长还是很明显的。如果在此行业内一旦选错股票，复利损失更为厉害。另外，上汽集团和宇通客车的历史分红也是最优的，即便是普通投资者也可以用常年分红来判断企业的行业地位，非常简便。

表 2-5　A 股主要汽车上市企业十年市值增长率

（单位：亿元）

股 票 名 称	2008 年 8 月初市值	2018 年 8 月初市值	市值增长率
上汽集团	521.5	3429	557.53%
宇通客车	68.6	343.2	400.29%
长安汽车	89.21	362.6	306.46%
一汽轿车	136.2	112.1	−17.69%

我们来认真梳理下，为什么这些分红最好、规模最大的企业，市值成长性排在第一呢？第一，企业品牌溢价最高，成长机会多，所以大而美。第二，企业规模大，治理结构比较完善，责任感比较强，容易抓住大的发展机遇。第三，企业成熟，风险抵抗能力强，要么客户忠诚度极高，要么企业能以多品类的产品来抵御价格上的波动，满足消费者多层次的消费需求。总之，行业"第一"的企业总会有优秀的经营习惯，比一般企业有更高的起点和要求。

三、冷门股视角："剑走偏锋"的选股思路

我国股市有个特点："牛短熊长"，所以经常遇到市场很低迷的煎熬时段。其实，市场越是低迷越需要用心感悟和思索，冷静分析企业价值。当发现大量惊人的"错杀"，我们就会醒悟："自己所身处的环境也许就是未来能够诞生投资奇迹的机遇，之所以大多数人没有获取投资辉煌，只是因为他们漫不经心、不以为然的态度使得在应对未来状况时显得不知所措。没有认真准备好迎接辉煌，结果往往大概率得到平淡或悲伤。"每一个长期投资者都渴望创造投资奇迹，但是往往有一颗"从众而安"的心，破坏了本该创造奇迹的投资逻辑。

投资选股，为了保证所选股票的长期安全性，我们必须定性地考虑企业基本面的一些特质。

第一步：经过筛选，我提出以下六点基本要求。

（1）基本保证能长期存活的企业。

（2）有一定壁垒的属于大消费类的企业。

（3）产品简单，不主要靠科技创新来维持生存发展的企业。

（4）能满足人们生活水平不断提高的企业，基本上是生活必需品（吃穿用），有着世界或国内龙头的地位。

（5）产品长期不可或缺、不可替代，有广阔的消费市场和消费群体。

（6）依稀可见未来不断扩大的市场。

第二步：思考未来有可能的获利空间。

在以上基本要求的基础上我们必须找到未来能促使企业股票价格不断上行的巨大空间，但绝不是投机者所谓的想象空间。若要空间大，必须是几层空间的叠加，基本有如下三层。

（1）企业股票价格与价值落差拉出价值恢复获利空间。

（2）随着持有时间拉长，企业长期成长创造更大获利空间。

（3）市场由冷变热，牛市追捧出来的高估值到泡沫的空间。

第三步：寻找"剑走偏锋"的机会。

要获得投资标的的深度价值，必然是人人唾弃，股价大幅跌落，以至于最后回落在内在价值线以下。但市场人士也都是"聪明人"，没有巨大的负面信息和抛售压力，谁也不肯抛售手里的金条，这样看来大家就必须抛弃一些世俗的观念，抛弃一些大众的习惯性思维。精益求精地筛选，才能为我们的长期复利收益实现增加更确定的利润基础，为此我们必须"剑走偏锋"。

我们所讲这个"偏"，实际上是举例市场追捧热点的偏，而对于价值研究上确实不偏，深度价值投资者以价值研究为正道。比如在2018年第三季度，我们如何做到"剑走偏锋"的？在主流超级消费品牌股都经过不断上行的时候，虽然这些标的没出现高估状态，但依然没有十分强大的价值深度。于是，我们开始积极关注市场打击的对象了。它们符合以下三个条件。

（1）行业龙头或细分行业龙头，老大或第二。

（2）近一年内受过软伤害，但企业依旧很优秀地运营着。

（3）价格贴近52周新低，冷门被抛弃。

举个例子，2018年第二、第三季度，我跟踪研究目标锁定轻工包装行业的"奥瑞金"。因为受到"红牛事件"影响，这两年商标续约风波让红牛处于风口浪尖之中，唱衰者多，质疑者众。在其股价不断走低的同时，企业在2018年2月12日又推出回购计划。该公司在2018—2022年，不断在突破困境中做出努力，以及展示了企业由包装 To B 向自研饮料、罐头、预制菜的 To C 方向发展的野心。我认为这几个发展方向空间广阔，而且实现的确定性较大，所以值得长期跟踪关注。

对企业定性分析发现基本符合以上选股思路的各个条件，随着企业对于"单一大客户依赖过重"有了切肤之痛之后，企业的经营开始转变为向多点出发的布局，2018年第一季度出现了业绩回升的信号，股价依旧在52周新低徘徊，价值开始逐步显现，这正是开始不断关注的时候（见图2-4）。虽然未来难以预料，大家可以关注下，这种"剑走偏锋"的投资逻辑在实战中的有效性。

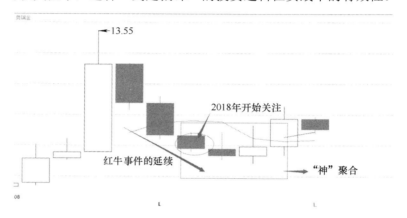

图2-4　奥瑞金年线图

四、择优观察：优中选低还是低中选优

我一再阐述定性分析企业的重要性，从企业地位、产品市场受众范围、企业规模和壁垒上研究企业的未来可持续发展的力度。为此，我们一定要多研究行业龙头或细分行业冠军，一定要多关注行业中地位突出的股息分红最好的企业。因为安全边际是价值投资的核心，估值是投资必须经过的门槛。但估值往往有时效性，一旦时间拉长，企业经营变化也会导致估值有很大变化。所以，能经得起时间考验的优秀企业才是我们首选入股票池的投资标的。

长期经营稳定优秀的企业具有一定的行业地位和业绩稳定的惯性，如果随意选择平庸企业往往在较差的大环境下经不起风雨洗礼。如果不精益求精，寻找优质标的，估值会随着时间改变而变化，一旦平庸的标的被低估，极有可能由于经营不善导致业绩变差，低估反而变成平庸或高估。

很多朋友选股的方法是在大数据智能选股中选择若干指标排序，然后在指标显示最低估的股票中选择稍显优秀的标的，而我的方法是先选择若干个行业，在众行业中把最优秀的企业挑选出来，列进股票池中不断跟踪观察，耐心等待这些优质股的低估机会。

也就是我主张"优中选低，要远胜过低中选优"，这也是保守价值投资的一种体现。经过很多年的投资实践，我才领悟到保守的含义。第一是保守地择股；第二才是保守的仓位。

在慢慢的长线投资中，我们有可能遇到无数的"坑"和"雷"，最佳的规避方法就是与最优秀的企业为伴，"上品的企业，才能做出上品的投资"，这是投资的先决条件。

价值投资注重企业长期的价值和成长性，因此如果我们不能假定自己在挖掘某些行业或企业的短期消息判断上很拿手，就不能做短线的投机和短期消息上的博弈。我们最重要的两个能力其实就是价值评判和耐心守候，所使用的技能就是简单的常识和基础的财务指标。为了保证所选标的价值估值在一个较长时期内不会发生大幅向下滑动，价值投资者一定要苛刻选择历史经营优异、行业地位突出的龙头企业。这样的企业股票长期走势比同行业二、三线企业要坚挺，熊市底部抬高得有力度。

验证起来很简单：打开软件上某一板块系列股票，查看前复权的年线图，挨个查看对比同一时期的走势表现，就一目了然。一般来说，通过长达十年以上的年 K 线图走势，观察其向上的斜率和不断上行的低点抬高幅度等，就可以找到行业中地位比较突出或有自己特色的企业。我们长期跟踪研究这样走势独特的企业，就会发现一些成功投资的秘密。如能在整个市场低迷的时候，不断买入这样"鹤立鸡群"的企业，肯定要比随手挑一个行业的"落后分子"，在收益保障上会更具有优势。

很多朋友片面理解价值投资，选股的时候缺少极其重要的第一个步骤是定性分析企业，对企业要求不严谨。尤其是在行业龙头长势喜人的时候，认为龙头高高在上，已经有所涨幅，显得"贵"了，后面的"小弟"没怎么涨。显得"便宜"，也会跟涨上来。于是，不经意掉落在行业内的二、三流企业中寻找"价值"。殊不知，投资获利不是短期一蹴而就的事情，行业中游或下游的企业往往成长力度不行，并且经营稳定性不好，不仅在大的上涨周期里极有可能因为业绩成长不佳而拖后腿，在下跌的时候更可能比业绩一流的龙头跌得快。

我们为什么在优中选低而不是在低中选优？其目的就是"保

住本金，守住复利"，我们称之为的保守投资。所以要清楚保守策略制定的三关次序：首先保障投资安全第一关是选股，就是选择处于行业地位最优的企业，这点很重要，往往被很多人忽略；第二关是选择具有深度的价格，即深度价值区域；第三关是控制单股和所有权益类股票的仓位高限。

五、以人为本的视角：用五大场景锁定未来最具成长性的赛道

从深度价值投资者的角度来看，具有全方位深度的企业最值得投资。巴菲特在名为"什么样的企业最值得投资"的演讲中提到最值得投资的企业特点："我要找的生意就是简单，容易理解，经济上行得通，诚实、能干的管理层。这样，我就能看清这家企业十年的大方向。如果我做不到这一点，我是不会买的。基本上来讲，我只会买那些：即使纽约证交所从明天起关门五年，我也很乐于拥有的股票。如果我买个农场，即使五年内我不知道它的价格，但只要农场运转正常，我就高兴。如果我买个公寓群，只要它们能被租出去，带来预计的回报，我也一样高兴。"

归纳起来两点最重要。

（1）简单易懂，自己熟悉，大家耳熟能详。

（2）有宽广的护城河。

我们从行业角度上分析，最有可能长期稳定胜出的是哪些

呢？我们看几个未来发展的必然条件。

（1）人类社会必然不断进步。

（2）我国必然不断发展，日益昌盛。

（3）社会发展以人为本，与人们生产生活联系最紧密的行业，我们叫作好赛道，必然得到最快速发展。

（4）在这些好赛道行业中，地位突出，具有行业护城河的企业必然是最有发展能量的。

以上四个必然是我们选行业的基础，我们发现最好的行业是**消费、医药和科技、基础材料行业**。这几个行业是众多行业中过去表现一直领先的，而且国内消费、医药和科技、材料行业正处于蓬勃发展的初期，相信未来还会有持续蓬勃的发展。

与这些行业紧密相关的细分行业我们可以分成五大场景。

（1）"人"的场景。吃、喝、穿、住、用等基础必需品消费，加上生命维护的医药。

（2）"家"的场景。家电、家居、家具、智能一体化生态系统。

（3）"车"的场景。新能源车、电池、配件、玻璃等。

（4）"手机"的场景。线上活动、娱乐、沟通、交易、拍照、视频等都离不开手机。

（5）"社交"的场景。线上的社交软件、线下的餐饮文化等。

如果您是非专业的普通投资者，我建议您用一些常识选择企业就够了，并不需要深入研究企业是否伟大，盯住一、两个财务指标,然后找到好行业里顶尖的龙头企业,用常识和模糊的正确认识、耐心持有就能获得不错的利润回报。

我们可以分析,上述三四个行业都能满足两大条件。

(1) 长期维持较高行业领先的毛利率、净资产收益率。

在同一个行业里,毛利率一般是衡量行业或产品竞争力的一个很形象的财务指标,它能记录这家企业的或者整个行业的发展历史和未来趋势,体现该行业的集中度和该企业所处行业的地位变化情况,并能大致体现品牌的忠诚度和溢价程度。

毛利率 =(销售收入- 销售成本)/ 销售收入

净值产收益率能体现单位净资产的投资收益如何。

净资产收益率=报告期净利润/报告期末净资产

(2) 长期持续发放不错的股息分红。

长期持续发放高股息或高分红显示企业的内涵更多。比如,展示了企业充沛的现金流管理能力、经营稳定性和对待股东的忠诚态度。这三项财务指标几乎是最直观的企业评价要素。与巴菲特所讲的简单易懂和有一定的护城河的企业比较类似。因为直观而简便,易于理解,所以比较适合普通投资者以此条件,建立自选股进行长期观察。当然,选股距离买入还有一个耐心等待市场价格出现"错杀"的过程,方法简单易懂,难的是持币或是持股等待煎熬的过程。

作为普通投资者,可以简单地用以上条件选择股票,并做成一个适度分散的组合。分散的是一系列具有以上特质的不同行业翘楚，但集中的是价值深度。虽然这样做可能会错过一些很少分红的高成长股，但错过一两个未来长期黑马并不会让我们的业绩大幅折损，反倒是过滤掉很多伪成长伪价值股，滤掉很多大概率发生的风险。

第三章

信:建立诚信,充满自信,培养"他信"

第一节　诚信力

一、最高的诚信是亮明自己的野心

1. 好投资，因为"爱情"，因为信任

我有几个说不上是做价值投资的朋友，就是因为欣赏一些企业家，"抱拙守一"许多年，拿住其股票，从而赚取丰厚收益，其中有欣赏曹德旺而"爱"上福耀玻璃十几年的，欣赏王传福而持有比亚迪数年的，欣赏乔布斯持有苹果的，欣赏巴菲特持有伯克希尔的，等等。这让我想起了我曾说过的一句话：好投资，都是因为"爱情"。

"拥有信任"是拥有财富的必由之路。很多人在社会上受到了轻易信任的伤害，尤其是受大众一致认为股市上不应该迷恋某只股票、不要做股东等言论的影响，在投资上就丧失了更多的信任。大众进入股市，喜欢赚快钱。我们做价值投资的，即便是再怎样受挫折，也要千万记住，我们需要培养坚定的长期的信任感，坚持与优秀企业谈长久专一的"爱情"。

对市盈率的认识误区，容易让人见异思迁，蹦来蹦去频繁操作，总爱预判短期涨跌，认为"高市盈率就会下跌，低市盈率就会上涨。"其实市盈率不能预测个股长期涨跌，看上一次 50 倍市

第三章 信：建立诚信，充满自信，培养"他信"

盈率茅台、恒瑞等龙头企业，距离最近 50 倍市盈率市值相差多少？多则十倍以上吧？市盈率的下降有可能是企业业绩的增长而不见得是股价长期下跌所致，而大多数企业确实是业绩增长推动了市盈率的下降，且推动了长期的市值不断上涨，出现了 10 倍股、20 倍股，甚至百倍股。

做长线投资时我们也会卖出股票，如果向上的过激出现后，过度高估会出现股价的大幅度回调的可能性很大，会提供给我们再次买入更多股数的机会，而大多情况不是彻底离开这些优质企业。同样道理，低市盈率不见得会造成企业的必然性长期上涨。如果企业是没有任何成长性的，即便是市盈率长期不断地上涨，也可能不会给我们带来非常满意的复利收益。当然，如果没有过激估值，或者我们无法确定企业股票会出现有效的下跌，那么最好的办法就是长持最优秀的企业。

股市充满了上下起伏的煎熬，也充满了捶胸顿足爱恨交加的遗憾。如果我们一直以来做的是一个最优质企业的组合，如果我们一直以来对企业的信心没有变，最终会走向成功，最终得出的结论就是：只有坚定的信任才能让自己获得巨额利润。

所以，投资千万别把本来一手好牌打出悲惨结局。最近和一些朋友聊天或在自媒体上看到一些文章，发现每逢市场向下剧烈波动的时候，很多人就在很优质的股票上忙着"割肉"操作，这个不足为奇。从历史上看，即便是在最好的企业上，也经常会看到在一个较大的牛熊市波动后"尸横遍野"。是什么使很多人把一手好牌打出了乱糟糟的悲惨结局呢？两个字：投机。

2. 与企业的野心匹配才能提升持股信心

我们平时在阅读财报时，既要像观看电影一样，把企业过往一件件努力经营的大事小情梳理清楚，在脑海里快速地放一遍；又要像下棋一样根据企业目前的经营动作，不断推演未来发展的几步棋，然后不断跟踪企业的日常动作，看看是否和自己推演的相吻合，或有超预期的表现。所以将阅读财报和日常企业经营信息前后联系，不断演绎出未来经营的策略方案，是价值投资中最有乐趣、最有意义的事情。

我经常观察的一些企业：华东医药似乎非常清晰当前的行业形势，正在争分夺秒地构筑未来核心竞争力。华东医药历经20多年的发展，已经成为我国老牌制药企业，业务覆盖医药全产业链。根据其2020年年报，其有望冲击我国医药企业营收前十列。在2018年的分红突然减少一半后，很多朋友牢骚四起。若细细品读年报的管理层综述就会发现，企业明确要应对未来新医药政策，要节省分红，进行大步转型。果然在2019年开始的集采中，华东医药快速利用大笔现金进行境内外收购、合作活动，积极应对"集采"，这样才有资格到2021在年报里重提恢复增长的豪言壮语。

在《静水流深》中我举过伟星股份的例子，2004年6月上市的伟星股份也是我国纽扣领域首家上市公司，公司拥有的SAB品牌在业内享有盛誉，国内客户的品牌认可度极高，并成为 H&M、优衣库、Nike、adidas、ARMANI 等全球众多知名服装品牌的战略合作伙伴。其中，公司金属扣客户主要包括 Nike、adidas、迪卡侬、波司登、太平鸟等，公司从上市后积极发展与纽扣同属于服装辅料的拉链行业，用一站式服务体系快速发展，度过了 2017—2019 年的服装领域发展的低迷期，近两年又呈现快速增长的态势，大辅料战略初见成效，未来逐步走向国际市场，争取过激营收超过 50%。

同样，奥瑞金在这几年也发生了很大变化，收购波尔亚太、Jamestrong，并且由传统的"To B"业务领域，转变为"To C"和"To G"双翼配合的战略。除了运动食品饮料的开发工作，奥瑞金还在体育营销传播、体育赛事 IP 打造、体育教育培训等领域积极拓展。事实上，奥瑞金在打造综合包装解决方案提供商中，体育营销一直是其中关键的一环，并为此在足球、冰球等领域布局了一系列业务，包括组建冰球队参加超级联赛，成为 NHL（北美职业冰球联盟）全球官方合作伙伴及 NHL 中国赛创始合作伙伴，收购法国职业足球俱乐部等。

在奥瑞金董事长周云杰看来，随着消费市场观念的改变和互联网的发展，包括饮料行业在内的营销传播方式也在变化。他指出，"现在大家获取信息的最大来源是互联网和手机，这就需要我们搭建更多能为客户服务的平台。过去我们完全站在后面，最多是出主意和资金，现在尽量往前站，甚至要走到客户的前面，我们要先把平台搭建起来。"

2022年1月13日,奥瑞金曾在投资者互动平台表示,元养物语处于推广阶段,2021年成为联合国生物多样性大会(COP15)指定饮品,目前已经开展线上淘宝、阿里直播等推广。

现在的奥瑞金不仅只是一家包材供应商,联动体育营销及背后资本的强大助力,"包装+"战略还将会为其自营品牌推广实现强大赋能效应,未来发展前景值得持续关注。

我们投资者来到股票市场,当然是为了赚钱。股市上人人都想赚钱,但并不是人人的野心都配得上赚这么多钱。钱永远只是企业的附属品,而不是最终目标。我们一定要知道,股票市场上赚的钱一定是企业长期经营的结果,如果是短期赚差价式赚钱,是零和游戏,最终的盈利还会被市场收回去。我们只有配得上企业的野心,才能分享优秀企业长期经营赚来的丰厚利润。把一个企业做大,才是一个企业家最大的野心。玻璃大王曹德旺说过:"做大生意的人都有野心,但更需要的是耐心!"

因此,我们在了解了优秀企业的野心以后,更要培养马拉松式的价值投资耐心,通过财报在了解企业经营状况的同时,也了解了企业的"野心",这是我们对未来投资信心的基础。企业以诚信面对股东,我们以信任和耐心来迎接未来丰厚的企业经营回报,这才是投资与创业的最佳合伙人模式。

大家都知道巴菲特背后的伟大投资者和思想家是芒格,正是投资改变了芒格的人生。在人生最灰暗的时刻，芒格迎来了他生命中的一束光——投资。对于投资，芒格自有他的见解："伟大的投资者，他们一定知道很多，他们必须要有延迟满足的特点，还要有耐心和野心相结合，需要有充分的自知之明。"

二、企业诚信力直观表现：股息分红

观察优秀企业股息派发主要是看两点。

（1）**股息分红的持续性。**

（2）**股息分红的增长性。**

一般来说，行业的龙头企业都会有比较持续的股息分红，这是定期给股东的作为企业经营成果的一个交代。持续的股息分红能显示企业的文化和治理的完善，也能透露出企业经营思路和对股东的重视程度。

股息只是从一个侧面验证企业的优秀程度，尤其是持续数年股息派发力度，显示企业经营游刃有余而且重视回报。股息率只能反映企业静态的市场价格和分红的比例，无法看出企业未来发展的可能性，无法说明企业未来有无爆发的能量。

我们需要选择未来能不断扩大股息的优秀成长企业，需要企业能够具备不断成长的股息，我们在一个较大的成长空间内，长持企业才能获得比较满意的复利收益。打开优质股看看，大多数顶级企业的股票，其股息派发在近 10 年、20 年来飞速地增长。

如果我们在既持续派发股息、具有护城河，又很有未来的好行业中的企业上考虑投资的话，那么我们的长期持股的收益就最有可能达到满意的程度。如果仅仅在高股息率的价值股上研究投资收益，如果它仅有1~2倍价值恢复空间，一旦实现价值恢复的时间是10年或者更长，最终可能折腾出来的复利收益还不足10%。如果不精益求精选择好行业中的优秀企业，如果不能选取引领世界和改变世界的顶尖企业，大多是很难完成长期投资复利收益目标的。尤其是对于净资产收益率长年持续达不到20%以上的企业，我们指望着其静态价值恢复给自己带来 20%的年均复利收益，那真是难上加难。

股息率当然可以作为股票投资的一个参考，但将不同行业和企业之间对比是很不科学的，对同一个企业本身可用它作为一个参考数据。一个没有未来的企业，眼前股息率很高，不代表未来一定收益很高。而具有未来的好企业，虽然年度股息率不高，它可能因为成长不断扩大股本规模，使得投资者所获得的分红绝对额不断增加！能穿透时间不断成长的股息，才是最有可能完成复利的分红累积。

我在《静水流深》中说过："高分红的优秀企业的股息收入是最靠谱的利润累积，因为它是唯一不利用市场差价完成的利润累积。"如果一个企业不断成长，股息派发不断增加，我们长期的持股数也可以因为股息再投不断增长，这是一场多么美妙的财富之旅啊！

对企业保守选择以及坚定信心长线持有最具诚信力、最具发展前途的上市公司，静静地跟随它们，才是我们深度价值投资者能够资产"逆袭"的不二法门。

第二节　自信力

一、自信来自资产质量

孟子曰："无恒产者无恒心。"孟子在这里提出了一个重要的观点，那就是财产与道德之间的关系，即没有固定的产业收入，却有经常向善进取的心志，只有读书之人才能做到。至于普通人就会因为没有可以长久经营的产业，也就没有经常向善进取的心志。

反过来讲，作为股票投资者，如果有了这样的投资产业，我们就必须保证有不断进取心和资产维护的善心，其实恒心与恒产的培养并不是一蹴而就的，一定是先有恒心，再有恒产；有了恒产，便能激发恒心。

同样做价值投资，在某一段时间同样持有过一样的优质股票，未来能拉开价值投资者收益差距的是：谁最坚决最安静地持有，谁的收益可能会胜出其他人很多。通过积善进取而获得财富累积，一定要靠进取的心智和心志来维护。

非同凡想 从深度价值投资的底层逻辑出发

时间累积财富,最好的企业耳熟能详,但是能真正长时间持有累积收益的人并不是很多。刚入市不久的人,能持有收获一两次到50%的收益,就算是比较有悟性和耐力的高手了。如果沾染股市许久而不被江湖气息所影响,还能持有安静收获3～5倍以上的收益,一定是静心笃定之人。如果真正持有过且收益达到10倍以上的,哪怕只有一次或两次,性格和悟性都算是投资者中的佼佼者了,也许就是传说中对价值投资有最深切感悟的江湖长老。我们很多人知道价值投资这条路是肯定没问题的,虽然过程反反复复,非常考验人的耐性和承载力,不是一般人能够坚持的。但是如果我们一旦获得了多次的正反馈,亲自守到了数倍收益,就仿佛顿悟了,获得了自信、毅力和超过一般价值投资者更多的感悟和宝贵经验,关键是具有了弥足珍贵的持有信心。

一句话总结:人无恒心,便无恒产;人无恒产,也无恒心!拥有优质资产,就等同于拥有好事业,这是人们进取心的来源,也是我们投资自信的根源。

2021—2022年大家对于"抱团取暖"的核心资产股颇有微词,如果仅仅依据股价的涨跌走势来评价企业,这毫无意义。因为对于价值投资者来说,重点关注的是手中个股背后企业的未来前途,并结合估值确定性,作为持仓、增仓、减仓的依据。而没必要去根据涨跌或根据持有者的资金特征归类。也就是说,我们的交易只与企业和我们的投资理念有关，与其他任何资金的进出状况无关。

核心资产股票的最后结局会打了一部分摇摆不定的人的脸，因为在波动较大的年份，心情翻滚不定，这些人开始追涨杀跌，就逐渐远离了质量最好的核心资产股。

对于投资者应对"抱团取暖"情况出现，要有正确理性的评价认识。因为大多数人会被市场上持续出现的一些状况所迷惑，失去"深度价值投资"的基本原则，最后长期复利的业绩将会被无情地平滑掉！这是怎么回事？因为不可能人人都成为巴菲特，2020年的出奇好业绩不可能人人都持续数年，未来肯定大多数人会以某种形式进行业绩平滑。那可能就是一些不注重价值的人，或是一些没有坚定信心的人。当然，他们有可能沾染过未来数十倍、数百倍牛股，但这并不妨碍他们将长期复利收益弄得一团糟，最后惨淡收场。为了避免长期业绩被平滑，保持长年稳定复利收益前行，深度价值投资者要注意以下五点。

（1）**企业为本**。投资者长期复利收益的取得必须依赖企业的成长发展，深刻了解和预判企业的未来，这是复利之源，而不是只会做市场短期差价收益。

（2）**长线投资**。不管是市场上出现什么热点、概念，或是惯用语、投资风，也不管宏观经济如何变化，只有专心研究企业长期发展逻辑，坚守长线投资，业绩才可能不被平滑。

（3）**组合投资**。保持整体组合的优越的价值成长性，组合要动，也要动在画龙点睛之处，动在最有确定性的点上，组合集中分散适度，不赌博也不大撒网。

（4）**只拿一流**。选股观察，只选择最优秀的行业龙头企业，注重好赛道、好行业和好护城河的分析，要有"不选第一，就选唯一"的精益求精精神，切不可以有用二流企业替代一流企业的凑合思想。

（5）**渐进交易**。根据性价比估值来调整仓位，一定要遵循渐进原则，一边提升认识、一边进行交易操作，静是获利的根本，动是不得已而为之，学会"不卖之卖，不买之买"。

二、只有"一根筋"持有，才能获得大成功

自信心的建立，保障了我们能够重点长线持有优秀标的。投资 20 多年发现，对我资产增值贡献最大的只有为数不多的几个阶段。在这几个阶段我都是一根筋地持有优质企业五年以上，时间酝酿财富不假，就是这几次的坚决持有，才可能使我的资产通过几次数倍的累积出现飞跃。

大涨大跌很容易让人迷失方向，当市场出现持续下跌之后，有不少朋友会说："跌到怀疑人生？"当然这是一句玩笑话，意思就是说猝不及防地下跌并不是自己所习惯的。如果大家打开大盘和个股的年线看一看，上涨下跌是很正常的事情，我本人对短期

的大跌大涨没有什么特殊看法，根据本书的投资"不为清单"，下跌当中如果持股很便宜的话就只有继续买入。如果涨得很贵，估值严重偏离基本面，就可以减少，以便可以在大幅回落之后能买入更多股数。所以在投资持股中，有可能出现意料不到的事情，我们要把所有的情形考虑周全，做好计划。

我们要注意在涨跌幅度加大的时候，容易被市场迷惑而做出错误的总结。当下跌的时候，看着手里的持股浮动亏损加大，很多人就开始做错误的总结。每当自己手里的持股不断上涨赚钱，很多人开始高估自己的投资能力，又开始进行错误的总结。只要离开了基本面的评价，只要是跟着市场涨跌行情以及概念等投机因素做的判断，只要是对于买卖进行短期后悔式或赞誉式的总结判断等，符合以上情况的基本上就是错误的总结。

我们投资的基础是对常识的深刻认识，并执行到投资策略中去。国家未来的希望产业就是我们的投资重点。根据一些官媒的新闻及国家政策，我推理：未来目标是根治老龄化问题，提升人口年轻化水平，医药、消费还是需要振兴的，是持续的工作。医美、慢性病、创新药、吃喝水平都还需要振兴。我认为从这些领域可以发现一些投资的机会。

三、用基本面信心来克服恐惧

逆向投资是价值投资成功的重要方式，正如人生一样，成功的背后大多数是这样的：逆向布局、坚持长期量的累积、不畏人言一意孤行、靠韧劲获得质的飞跃。对于价值投资来说，因为人弃我取，才能获得价廉物美的投资标的，人人嫌弃、极度冷落的时候才能真正体现出价值。

　　逆向投资的困难也是显而易见的。尤其是在大众都不看好，股价不停地阴跌，短期消息面上利空频出的情况下，再优质的企业也会被大众嫌弃。在市场上几乎所有的企业都曾遇到过这样的情况，我们该怎么迎难而上呢？具体操作上，我们采取逢大跌分批搜集的方式，在估值进入合理空间，并且利空叠加股价大幅下跌中，就开始逐步搜集。有准备、有计划地从大跌不断买入进行潜伏，这需要有坚定的信念和毅力。

　　举个例子，我们回顾一下当时医药集采的大众恐慌中，研究购买某医药股的基本分析思路：药企由仿制药转创新药，如果未来灿烂，大部分归于企业能出大批创新药，并且销售能力强，企业过往有强大的现金流和较高的净资产收益率。也就是说，企业拥有大医药商业的布局，并且管理层有推大单品的能力和眼光，而不见得是现有研发实力，因为只有优秀的商业模式才能制造现金流汨汨滋补的管线布局，这一点很少有人意识到。

　　哪家最有钱？就是以往医药商业和医药工业结合最完美，过往分红最好，管理层习惯性地出单品爆品概率高的企业。选股和选人一样，企业的优秀本来就是一种习惯，会赚钱会用钱就是企

第三章 信：建立诚信，充满自信，培养"他信"

业文化的一种。

选好企业的同时，面对困境反转，我们还要对其基本面有深入了解，建立强大的信心。优质企业处于困境，一边倒的市场利空下跌，往往是市场人士避之不及的事情。由于条件反射，好比手碰到火炉会立马缩回来一样，企业处于困境，被众口一致地说不好时，很多人不愿意处在孤独的环境中，所以会下意识地一同说不好，一同去积极回避。因此困境反转研究曲高和寡，既需要深入，又要眼光和胸怀，这是对投资者综合素质的考验。

"大众恐慌时我贪婪，大众贪婪时我恐慌。"说起来容易的名言，等真正做起来的时候，能抛弃大众的恐慌，已非常不容易。能在困境中看到企业未来的潜力，并能坚守到它摆脱困境，迎接灿烂就更为不易。

在这期间，我们不是无事可做，我们需要不断地深入了解企业未来发展的野心，以及看到它一步一步不断为了摆脱困境做出的努力。我们应该能看到它是如何构筑自己的行业护城河的，如何一步一步不断扩大自己营业利润的。眼睛盯着基本面就足够了，市场的价格在企业不断累积向上动能的情况下，早晚会爆发，这就需要我们对企业管理层给予长期足够的信任，对企业未来发展拥有坚定的信心。

第三节 他信力

一、投资第一步：建立信任，区分赛道，选择站队

很多朋友做价值投资时，一上来就谈估值，用一系列财务指标将所有股票进行排队，然后根据量化指标选择低估企业。我觉得这不是真正的价值选股。因为企业都是一个个鲜活的生命体，而且我们需要的是长期投资标的，我们应该认真研究各个"生命体"的特征，寻找到最有活力的且最具持续成长潜力的生命体进行长期投资。

我觉得正确的构建组合次序应该是这样的。

第一步：大致按照有好未来、好赛道、有护城河等标准选择一群股票列入自己的股票池做观察。

第二步：从股票池里选择性价比最好的股票，根据确定性来布局仓位。

第三步：在每个持股的"暗"和"黑"时刻不断加仓，最终到仓位合理上限。

第四步：当持股发展到一定时期，需要控制下单只个股的最高仓位。

第五步：进行组合持股的定期检查，股票池里有远远胜过持

第三章　信：建立诚信，充满自信，培养"他信"

股的可以替换。

当我们熟悉价值投资构建组合次序后，还要不断对选股做精益求精的升华要求。一定要选择顶级优质企业，因为顶级优质企业都在做最牛的事情，它们打造产品，不拿唯一就拿第一。只有这样苛刻经营，才能保证未来业绩持续增长，保证我们获得满意的复利收益。

从长久的投资历史来看，只有对最优质企业的等待才是最值得的。这些好赛道里的行业龙头，在被套牢的难挨时期，或是在被反复蹂躏煎熬的颠簸时期，就有可能是历史估值的脚底板位置。打开这些企业长期年线图，我们就会发现，最近10年、20年，它们只有寥寥几个走出过年阴线，它们的高点和低点被不断抬高，且不断创造市值新高的奇迹。

也许我们碰巧在正确的时间，随意选择的一只股票，就收获不菲。但别忘了，一直靠运气获得持续满意复利肯定是不靠谱的。有一些股票涨了数十倍、百倍之后，回过头去看，我们所后悔的根本不是过去以怎样的高价格买入，而是从来都没拥有过："下跌以为要完蛋了，不敢买；上涨认为高估了，不能买！"这就是说，投资最关键的是必须走对路、上对车、一直在车上。必须在顶级的优质股上靠时间酝酿财富，而其他的诸如估值、仓位、卖出交易等只是细枝末节的问题，只要大方向做对，就已经决定了成功的数量级！

二、建立格局和信任是成功必由之路

格局定成败,这点毫无疑问。一个人的格局来自哪里?这个问题我们从零开始寻找答案,首先在自身基因里寻找具有远见格局的天赋,然后从小时候的成长经历、家庭背景上去寻找具备眼光和格局的因素。虽然这些确实是一些影响因素,但我觉得它们所占的比例都不是最大的。我们去研究那些有巨大成功的人物,天赋和家庭背景并不完全一样。可见,在影响格局和远见的客观因素中,先天和背景是基础,后天的主观能动却是更为重要的培养环节,即自己对生命和对社会的深刻认识、研究、理解、反思和总结。

我们后天的学习很重要。比如,多阅读名人札记,多接触那些有格局、有胸怀、有长期奋斗经验的人。这样,可能自己的眼光和格局就能一下子被彻底打开。简而言之,我认为格局的培养是需要寻找灯塔,然后效仿,经过思考、学习、总结、升华,向前看、努力奋斗不止,最终才能登高望远。

当我们建立起来跟随优质企业一起成长的格局之后,价值投资变成了至简的持股观念,而且选股精益求精,理念里充满野心,口头上只有这九个字:持好股、长持股、增股数。

有了格局,价值投资还要建立起信任基础。投资的过程就是在寻找信任,建立信任,保持信任。

第三章 信：建立诚信，充满自信，培养"他信"

我们纵观世界历史，漫长的发展历史都在人与人的信任当中不断延绵，在人与人不断地聚拢、合作、共赢中完成。孤立怀疑一切的思想，不会助推人类合作共生，不会推动知识和经验的传承。这个世界的成与败都来自信任。信任虽然简单，但是我们却不能简单地信任。信任是建立在常识和规律的基础上的，建立在对过去、现在和未来严格考察的基础上的。因此我们要在寻找信任和建立信任上做好扎实的基础工作，同时要保持较长期的信任，才能有长期的复利收益。

投资者的长期超额成长收益来自对企业确定性未来的严谨预判，企业的这种经营趋势的变化不可能是一蹴而就的，往往是时快时慢，时而停滞，很有可能短期还出现这样或那样的问题。这些变化造成了股价的市场的波动和持有者人心的反复，使得人们对企业的信任总是没有持久力，大众会根据情绪在某一阶段心血来潮，对其爱到无法自拔；又在另一阶段因为企业的短暂发展停滞、股价反复折腾而对其恨之入骨。

优秀企业都在为自己的前途而不断寻找最好的拓展路径，比如近来食品饮料医药行业很多企业对融资进行拓展扩大。伊利进入矿泉水行业，双汇拓展上下游并进入零食行业，华东医药对应集采收购合作并拓展医美高端业务，奥瑞近拿下波尔亚太，又拿下澳罐备战"To C"端饮料，伟星新材收购捷流，伟星股份准备逐步走向世界，美诺华备战新冠疫苗原料药，等等。我们知道不懂得提升改变的企业是没有前途的,很多企业持续的成长就是在不断地改变,不断地完善。我们的任务是在长期跟踪的企业里寻找到未来变化的确定性,能预判未来变化后的企业市值会以数十倍、上百倍地增长,推演其变化方向和发展的数量级以及内在逻辑,其中确定性的认定是根本,在确定性的基础上才有我们的长期信任、跟随持有。

在变局中,财富会被重新分配。有些人会因为短期的下跌和巨大的波动,而产生巨大的情绪波动,从而离开了那些最优质的消费和医药股。如何才能坚定信念收获长期的丰厚利润呢?我们心里必须得有一个"锚",锚定的是最优秀企业,不仅优秀还很有制造现金流的能力。所以,我们掌握了优质企业确定性的未来,建立了对投资标的的高度信任,才有可能长持,才有可能收获最优质企业带来的长期较丰厚收益。

不经过细细品味,我们很难深入理解"信任"的作用。因为不管投资盈亏,人们总是会振振有词说出自己的理由。理由的导向是短期结果,因此"短期结果赚了,就说明自己做对了,亏损了就说明自己做错了",这是大多数人通常的总结,但如果持续下去会发现,短期操作的获胜概率并不是很大。

这种总结只针对输赢或者市场的短期波动,很少有人因为企业基本面的情况和企业管理层的远大抱负、品行、野心来考虑自己的投资计划。很少有人能忽略一些影响企业长期市值成长的非

第三章　信：建立诚信，充满自信，培养"他信"

必要因素，比如忽略宏观经济、市场波动短期利好利空、周围人议论、权威意见等。但股票投资想要长赢，其实就是要看准未来社会发展趋势和把握企业的护城河，有了这两点，接下来就是"对企业的信任"在为我们收纳滚滚财富。对待有未来的好企业，如果没有长久的信任感，那么很难和其一起成长，一起收获。

如何培养对企业的信任呢？投资股票，就是投资企业，我们首先需要站在企业的角度考虑问题，包括考虑行业属性、产品属性、企业未来、企业经营策略、财务数据等。创办企业的人都知道："只有格局和胸怀，才能看清未来；只有看清未来，才能知道脚下的路该如何起步！"买股票就是买企业，我们所具备的基本素质也应该和经营者在宏观战略上保持一致。

格局和胸怀有一半是来自性格和天赋，有一半来自后天的锤炼和感悟。深度价值投资者的选择，大多来自对整个未来社会发展的深刻认识，以及对历史发展形成的客观规律的深刻领悟。比如对于"好赛道"的理解，不同人有不同说法。好赛道中的优质股值得拥有，但不是那些摇摆不定的人能驾驭得了的。市场大多数人在乎短期波动，比如集体涨得好了，就给冠名"抱团股"，市场大众对于优质核心企业的看法就仅仅局限于热点炒作的"现象级"粗浅认识中，把它当作热点概念名词来拥抱或舍弃。但我们长期价值投资者却把它当作毕生的财富之源来依靠，进而忽略了短期的冷热。虽然在某一阶段都持有了同一波股票，但由于格局不一样,未来的收获肯定也不一样。

可见,投资者最终比拼的是格局和胸怀。投资不易,能深刻理解这一层的人已是少数,能踏踏实实、一步一个脚印地贯彻做到的人,就更是凤毛麟角了。

三、抛弃估值偏见,紧紧抓住极少数顶级优质企业

我们狭义的估值是静态的或是仅仅是最近一两年的动态估值,往往会受到一些短期因素影响,低估了优质企业的长期发展前景。因此对于投资的理解排序的话,短期估值不是投资第一位的,选股第一重要,要在具有前途的企业上进行估值研究,而且长期的成长逻辑梳理远远比短期估值重要得多。

不要轻易预测消费品行业龙头企业的成长极限,每个行业增长的方式是不一样的,而且大多数增长条件的开辟、达成和增长的形式是无法被预测的。我们只知道消费品行业的需求和供应该是无限的,它和人类的生产生活紧密相关,而且未来必需品的价格会越来越贵,人们的生活会越来越好,这是基本常识。我们重点选择好行业的龙头,有护城河的企业。对照 10 年前的家电行业、白酒行业、食品行业等,看看重点龙头企业有多少成长空间,当初谁曾准确预料到。所以,不要轻易预测必需消费品的成长空间极限。

因为估值就是对未来现金流的折现判断,过去我们经常听人

说白酒、家电、医药等大消费行业中的企业增长遭遇天花板,几乎每年都有预测优质企业成长的"大师",但是市场总是无情地穿透他们的天花板预期。

下面的案例,有的现在看起来好似笑话。在 2006 年茅台股改后,一群"财务大神"聚集在我这里,讨论茅台的增长极限是市值 1000 亿元到 1200 亿元,但现在接近 2.8 万亿元。在 2008 年市场低迷时,讨论格力电器的市值难以超过 300 亿元,但目前是 3377 亿元。在云南白药早期,我个人预期一瓶消炎止血的药粉,即便是秘方,未来也不会有什么大发展,25 年后其市值翻了 500 多倍。

是什么导致了我们这么狭隘,这么有估值偏见呢?大致有以下几个原因。

(1)有护城河的消费企业几乎是永续成长。

(2)有护城河的优秀消费企业除了内延式增长,更会外延拓展。

(3)通胀的永续性,使得头部消费企业有理由不断提价超越通胀。

(4)消费者追求越来越简单化的消费,使得知名品牌越来越受欢迎,品牌集中度不断增强。

(5)自作聪明,以为自己是"财务大神",缺乏长期企业发展研判和对常识大规律的把握。

那么,我们如何对企业更好地定性分析,从而不对最优质企业的估值过于依赖呢?我采用以下定性分析好企业的办法:价值投资的升华其中最重要的一项是抛弃估值偏见,只在最优秀的少数几个企业上,在很狭小的能力圈里琢磨投资,或者就是紧握顶级优质企业的股权,减少不断估值和对不断操作交易的渴望。记住:长期收益大多来自信任和陪伴!

第四章

行：深度价值投资攻略

第一节　构筑简单的策略体系

一、五条准备工作建议

经常有投资者朋友问我，在做价值投资之前应该做些什么准备工作？以下是我的五条建议。

（1）**性格培养**。要清楚自己的性格，是否特别有耐心和坚韧的毅力，是否有特立独行和逆向思维的能力。

（2）**闲钱投资**。起初要有持续稳定的现金流，或有一定的资金基础。要为承担3～5年的最坏熊市煎熬做生活保障准备，要么有一份长期工作，要么就有一定的资金规模，千万记住要用闲钱投资。

（3）**得道多助**。做投资前最好取得家人的一致同意。家和万事兴，这点没错。股票投资风险比较大，一开始要用少量的闲余资金边学习边尝试。然后要用持续的投资业绩和能力"说服"他们。

（4）**基础学习**。要做好基础知识和理论储备，要逐步建立起自己的一套投资系统和风格。

（5）**树立灯塔**。以国内外已经取得巨大成功的投资人为榜样，走正道；以身边已经有20年以上投资经验的成功者为老师，树立

第四章 行：深度价值投资攻略

灯塔。只有走正道做投资，才有可能获得成功。

很多立志做价值投资的人，困惑于多年的投资业绩并不理想，不太明白为什么"理论丰满，业绩骨感"？多数人做价值投资，是因为受到了巴菲特等投资大师的成功感染，认为价值投资这个理念很"高大上"，脑中仅存的是国外传来的投资大师们的价值碎片思想，因此多数人熟练掌握的是不成系统的投资思想，仅仅是熟知碎片一样抽象的东西。

想要真正做好价值投资，就需要投资者树立价值投资精髓理念，不断在实践中学习研究、归纳总结那些碎片思想，挖掘其背后本质的东西。先进行有逻辑地编排，然后在实践的磨合中将其修炼成一套全面的价值投资系统，并不断去检验、完善，这才能够算真正的价值投资者。

首先，我们学习累积碎片思想，不断做加法，等积累的碎片和自身实践足够多，逐步形成自己的系统后，就开始做减法，结合自身条件和性格，融合所有理论思想，删繁就简，寻找最适合自己的投资解决方案。

其次，开始努力建立自己的投资系统。从自己累积的理念中提炼出精华，作为建立系统之根基，即为理念基础。在不断实践、阅读、学习、研究中，确保这个理念之根能不断在系统的呵护下生根发芽、枝繁叶茂，结出想要的果实——实现投资目标。

比如，我的投资目标是："长期动态持有优秀企业股权，进行资产的复利累积,以价值投资方式创造最有价值的人生。"那么对应的理念就应是:在保守的投资思想基础上的"深度价值,持股守息;等待过激,三步取利"十六字方针,简单概括为八字方针:"持股守息,等待过激!"只有用如此简洁的投资理念,才可能一边财富积累,一边收获价值人生。巴菲特的投资经历,令华尔街人士目瞪口呆,他自己描述运用的投资原理却是"简单的、老式的、为数不多的。"言外之意,就是尊崇一些基本的常识和最简单的规律就可以获得长期丰厚的投资复利收益。

二、构建策略体系的要求

我们构建体系就要遵循以下两个要求。

1. 要有极为简洁的主干贯穿始终

作为理念和投资目标,应该贯穿投资系统始终,比如选股的时候感到很迷茫,那就回头看看自己的理念和投资目标,其中贯穿着保守、长期、优质、股息等字眼,我们就会明白要选择行业龙头或是最优质的上市企业。比如估值阶段,我们的投资系统就应该着重考虑长期高分红的企业在当前价格下的股息率水平,这些都是理所当然的,因为投资的核心就在这里。这里我有必要再次强调一下投资的"不为清单"。

(1)站队:选择顶级优质企业。

(2)增加:在合适机会,用合适策略,不断增加股数。

（3）巩固：重复以上两条。

除此之外，皆不为，这就是我的投资"不为清单"。

这就是我们投资系统简单的主干，主干一定是自己能够始终如一坚守的信念，让自己不至于在投资的各个环节发生重大问题，投资方向不至于跑偏。"持股守息，等待过激"就是在诠释这三点：站队就是持好股，守股息和过激就是用来更好增加股数的策略或机会。

2. 严格遵守纪律而不轻易改变

投资系统中一定会有严格遵守而不轻易改变的原则，在此规矩上才能画好自己的投资蓝图。做投资时，所有的操作不是随意而为，要用系统原则来进行策略布局、加减仓位交易。我们只有做有纪律约束的投资，才可能彻底抛弃情绪化的支配，始终如一重复最朴素的价值投资规律，简单重复做到极致。

第二节　做好充分准备，提前列出计划单

其实在价值投资范畴里，细分风格也是多种多样的。格雷厄姆的《聪明的投资者》第四版附录中巴菲特一篇"格雷厄-多德式的超级投资者"的发言稿中提到，"那一批投资家，他们的投资业绩多年来一直能超越标准普尔500指数的表现"，即为价值投资者，从业绩表现看他们风格各异，但总体复利收益水平差不多，全部

跑赢了指数，都一样成功。所以，我主张在坚定价值投资的策略基础上，找到最简洁的、最有效的投资方法，然后构建自己的投资体系。

有了自己的投资体系，价值投资者在每次交易起始都要有自己的投资计划单。写投资计划单很重要，哪怕是比较简单的计划，最好手写罗列出123、ABC，写明交易原因，并且对照自己的投资系统，看有无偏离核心理念的具体操作。这是在交易前的冷静思考、细心安排、运筹帷幄的结果。

我们最好按照时间段来写近、中、远三期的计划单。以下举个例子。

之所以要求必须写清楚自己每一步的操作计划，主要是为了让投资者再一次厘清投资逻辑，养成良好的思考习惯，让每一笔操作计划都是在冷静的综合分析下产生的。理性的价值投资者应该拒绝盘中交易，因为大多数盘中的操作是由情绪的偏好临时决定的。

每一次在制订计划的时候，不要忘了对照投资系统梳理投资策略的逻辑性，遇到任何困惑或瓶颈的时候都要回到安全边际上重新梳理整个思路。首先，要对整个市场的估值水平做到心里有数，明白当前所处的估值位置；其次，对个股的基本面应该了如指掌，对股票池里长期跟踪的股票要经常阅读其公告信息，对其重要的经营变化和大事件一定要留意。

订好计划，做到未雨绸缪，但绝不是万事大吉了。我们需要每天复盘梳理自己的计划，检查时注意以下四点。

（1）不要以任何想当然和绝对的方式来指导操作。

（2）不要将本来简单的思路弄得复杂，那是小聪明。

（3）不要以一次或几次的偶然结果来评价自己的体系，要合理剔除掉每一笔投资上的大部分偶然因素，找到得失的本因。

（4）要有不断完善和不断进取的思想，但并非在根本问题上摇摆不定，而是在细节完善上，在显而易见的明确机会把握上多做完善。

关于制订简单计划单，大体就是以上这些建议。当制订好真正属于自己的投资计划单后，就不会再依附于任何所谓"大师或高手"。我们能够独立完成真正属于自己的辉煌投资之旅，靠的就是这种精益求精的重复精神。成功的投资旅途就是从每一个小小的计划单开始！

第三节　买入决策的五步法

我们既然来到股票市场，不管是"炒股票""玩股票"还是正经做投资，只有认真用心去做一件事，全神贯注完成整个过程才有意义。因此，事先梳理整个投资决策流程就显得很有必要。这就好比细心雕刻一件作品，兴趣在于雕刻过程，至于完成后作品出手能卖多少钱,那其实是兴趣的附加值。只要有计划、有安排,再加上决策上轻车熟路,我们才能踏实、认真地去做能工巧匠。做了能工巧匠后,能够让作品持续赚钱也就不是什么大问题了。投资也是如此,我们可以将决策过程精确地划分为以下五步。

第一步:选股入池

我是将最好行业的龙头企业选进股票池,比如我将本书之前分析确定的一些细分行业列为可选的最佳赛道。

(1)**消费**。火腿肉类、白酒、饮料、调味、金属包装、乳业、零食、家电、首饰等。

(2)**医药**。化学药品、中药、慢性病、糖尿病、医美、原料药、医药外包(CXO)、农药等。

(3)**科技**。新能源车、光伏、电容器、电路板、安防、手机、电池等。

(4)**材料**。建筑材料、化工材料、玻璃纤维、化肥农药等。

将以上各行业或细分行业龙头股第一挑选出来,组成一个大约20~50只股票的顶级优质企业股票池。

这些股票应该符合这样的特点:

(1)细分行业的排名第一,企业行业地位突出,有一定壁垒。

(2)有十年以上持续股息或分红派发历史。

第二步：分类研究

将这 20~50 只股票分几类研究，主要分为五大场景（见前文描述）。

"人"的场景：吃、喝、穿、住、用等基础必需品消费，加上生命维护的医药消费。"家"的场景：家电、家居、家具、智能一体化生态系统。"车"的场景：新能源车、电池、配件、玻璃等。"手机"的场景：线上活动、娱乐、沟通、线下交易、拍照、视频等都离不开手机。"社交"的场景：线上的社交软件、线下的餐饮文化中的白酒等。

之所以分类研究，原因有二。

（1）**不同的行业估值方式不同**。前面我们讲过，根据净资产收益率的不同，我们估值的侧重点会有所不同，就类似于彼得·林奇对股票的分类，每一品类有自己的收益目标，这样做是符合过往经验的。

（2）**为了布局均衡性**。争取在估值的价值线下选取上述不同行业和分类的股票，这样至少不会用较重的仓位去押注某一个类型板块，降低行业系统性风险。

第三步：长期跟踪

在我们选择的好行业、好赛道中，对具有行业优势地位和护城河的龙头股，进行长期跟踪。为了取得账户资产增值的可能，我们应耐心跟踪，等待这些顶级优质企业出现"暗黑"时刻。因为我们选择的都是弱周期的，能够穿越牛熊市的企业，也是比较适合长线持有的。

长期跟踪这类企业的目的是：进一步了解企业发展状况和企业落实成长发展所做的努力，判断其长期价值和性价比，等待长线分批布局的最佳时机。

第四步：构建组合

根据确定性排名选出性价比最高的 5~20 只个股，准备构建组合。根据行业覆盖和估值优先的原则，合理搭配股票品种。行业覆盖就是尽可能覆盖四大行业：消费、医药、科技、材料。估值优先就是具体股票按照估值性价比来考虑布局，但不是各行业用统一估值标准，而是每个企业都按照各自企业所属行业特点的估值标准。这里给大家介绍一个很简便的方法——站队。

（1）行业赛道是消费、医药、科技（消费类）、材料（消费类）。

（2）企业是行业里的第一名，具有护城河的企业。

那么，大家可在以上两个标准中，选择企业"暗黑"的时候入场，分批买入构建组合。**我们是这样定义的：站好队的最优质股票，从历史高点下跌 30%~50%，叫作"暗"；站好队的最优质股票，从历史高点下跌 50% 以上，叫作"黑"。**一般来说，市场出现系统性下跌，也就是俗称的熊市来临后，大多数企业都会有阶段性下跌，这就是我们开始全面布局的时候。

第五步：制定自我考评机制

根据各方面条件分成重仓股、常态仓位股和轻仓股，并制定仓位管理的触发条件。制定具体买入价格区间和股数，制定实现的具体步骤，以及制订未来估值变化和仓位调整的大致计划表、大致估值上限目标价格等。除此之外，还要有突发情况解决机制，完成自我考评检查机制。以核心思想"持股守息，等待过激"为重要原则，也可以将"不为清单"作为我们考核的重点，强化"选股"和"增加股数"两个策略，等待个体市场出现向上过激或向下过激的情况。

我们每年应对股票池或者持股做一下未来展望，决定是否有新企业进入股票池，当前持股是否仍旧是顶级的最佳选择？一年当中是否有多余的不应该出现的交易？实施决策是否简洁化？是否做了"不为清单"里面表述的那些不为事项？每年末或每个季度做一下自我检查考评。

第四节　五大布局参考指标

投资布局是一场战役打响的开始，我们对此要做好充分准备。但如何准备，这个对于新手来说是很难的事情，我不得不时刻念着巴菲特的投资第一信条：保住本金。所以，投资要做好"精准打击"的准备，不要资金到位，马上热血沸腾，开始做全仓押进式的投资。

我们知道，投资的第一步，也是最重要的一步是"选股"，但在投资布局时，一般我要稍做了解和研究以下五个条件：时（时间）、空（空间）、能（能量）、势（趋势）、度（尺度）。

一、时间

从历史经验上看，布局的最佳时间点是冬季和夏季，有"冬藏春收、夏种秋收"一说。这个说法源于市场资金面的松紧状况，有一定的道理，大致就是人弃我取的意思。因为年末冬季，资金缺口大，股市资金回流多，市场上容易出现非理性打压。而春季资金放款多，市场资金面宽松，容易热热闹闹挤进股市，造成春季攻势，会不断抬高市场估值。年中也面临资金回收压力，秋季资金面渐渐宽松。市场上有"五穷六绝七翻身"的俗语，所以最好的布局时段应该在年终整个市场"钱紧"的关头。当然，价值深度的确定性是一贯的，这些时间只不过是容易出现群体性的个股价值深度而已，也就是说在一些特定的时间段内，容易买到价廉物美的筹码，对我们按"可为清单"的三条建议"增加股数"大有益处。

二、空间

大家认为买入股票获利要依赖市场价差，或长期的累积分红，但推动价差和分红的一定是企业基本面不断向好的经营业绩。所以我们一定要买入最好行业、最佳赛道中的最优秀的龙头企业，长持这样的企业要靠时间酝酿，长期丰厚收益会水到渠成。投资的本质就是投下资本，跟随企业一起发展壮大。巨大的收益空间一定是和以下三个要素有关系的。

（1）好企业出现困境，被打压。

（2）好企业具有较高的未来成长爆发能量级。

（3）不断用现金流增加股数，也是增厚长期资产市值的办法。

三、能量

能量就是未来向上冲击的潜力，这种潜力和价值估值、趋势发展阶段、经济环境状况、市场现金的充裕情况、前期市场涨跌程度等都有关系。直观地看，市场涨跌程度、距离前期牛熊市高低点远近、资金介入情况是很重要的后期能量爆发依据，但这些都建立在市场价值凸现，未来成长可期的基础上。我们主要关注的能量来自对企业的基本面研究，比如行业地位、产品的必需性、企业的护城河、经济运行的周期支持力度等。归根结底，企业成长的持续性取决于国家的稳定发展和人们生产生活的需求，因此我们提出"与国共荣，与股共融"的理念，就是要懂得我们长期收益的源动力来自哪里。

四、趋势

整体市场趋势可以表明经济、政策等很多宏观形势渐趋明朗，但对大多数宏观形势的预判，我们是没有能力完全把握的，因此我们要把握那些长远的、必然的、大概率的发展趋势。比如，根据马斯洛需求层次理论，满足最基础、最稳定的人类需求的产品和服务可能存在于最有广阔成长前景的优秀企业，因此我们从人、家、车、手机、社交五大场景出发，研究行业企业发展的必然趋势，研究能够穿越牛熊市的行业和细分领域中的龙头企业就显得非常有必要，能获得非常稳健而持续的成长逻辑。

五、尺度

投资自始至终都涉及"度"的把控问题。最直观的尺度就是资金仓位控制管理，这里决定性的要素还是看我们对所选企业的深刻了解。2022年得知巴菲特持有苹果仓位在40%以上，如果我们也能如巴菲特一样深入了解企业经营的坚固性、持续性和优越性，我们持有2～3只股票足矣。"持股守息，等待过激"再加上我们对估值过激的稍稍了解，进行模糊正确的处理，合理控制仓位尺度就不是什么难题。

综上所述，要以确定性、大局观和风险防范的角度来确定我们的投资尺度，并且还要在静态尺度基础上，制订未来动态的调整方案。根据我们理解的深度、客观的价值深度和以上对"时、空、能、势、度"的把握程度来确定我们账户持股的仓位比例和动态调整策略。

我们做好以上五点研究，认真坚持"不为清单"，不断进行检查与评定、细致分析、审视自己的股票池，并逐步分批建仓，才有可能惬意地展开自己的价值投资之旅。

第五节　发现、跟踪买入股票的方法

一、发现持续、稳定、长期成长股

企业长期的成长对于维护估值有很强的保护作用，大多数能够长期存活的企业都具有成长性，没有成长保护的估值，很容易遇到价值陷阱。要寻找很好的成长股，我的建议是先不要将头埋到所有的企业里逐一排查，而是先列出长期成长的几个要素，然后在自己认为大有前途的行业中选择企业进行跟踪。前文所述的五大场景，基本包含了人们生产生活中最紧密的一些行业或细分领域，这就是我们寻找长期成长股的一条最为重要的线索。我们发现成长要素在宏观层面上的突出表现就是：最能满足人们长期物质生活水平不断增长需求的行业。

接下来我们通过看三端来定性分析企业。定性分析就是用非量化的常识和规律性条件来研究企业的本质。在投资上，深度价值投资注重研究企业基本面要素，主要的定性分析从以下三端开始。

1. 行业端

企业在行业中地位突出，财务指标常年位居行业第一（毛利率、净资产收益率、营收、股息分红等）；行业总体发展趋势向上，且空间巨大；行业发展符合人类社会物质生产发展的进步需求。总之，最好的企业总是在巩固、创新、拓展、抢位等方面表现优秀。

2. 企业端

企业历史经营业绩稳定，财务指标的健康程度高，常年股息持续；净资产收益率长年高于15%，最好高于20%；企业长期业绩有保障或有清晰的长远发展空间；有一定护城河。比如，企业拥有长期规模壁垒、品牌壁垒、稀缺性壁垒、渠道壁垒等。

壁垒，即企业护城河，是企业长期成长的保护伞，2017—2018年在去产能和供给侧结构性改革轰轰烈烈展开后，拥有多项壁垒的企业，往往是国内或是世界同行业首屈一指的行业龙头，俗话讲"大树底下好乘凉"，在规避风险、抓住成长机遇、成长因素快速转化三个方面，龙头企业肯定更胜一筹。

3. 产品端

企业产品比较单一、简单易懂，且为必需品；产品的需求极其广泛，品牌口碑极好，消费者忠诚度极高；产品有长期提价能力，或有长期扩张能力的快消品企业；企业主力产品长期无法出现替代品，或产品用途极为广泛，长期不会消亡；该企业产品和研发已出现同行业领头羊的示范效应。

如果说在"深度价值投资者"眼里成长是优质企业的根本，那么以上要素就是根本中的根本，我做长期跟踪就是以上述要素在企业发展中的落实情况为基础，不断联系企业日常行为和定期报告陈述，不断对该企业进行成长的理解和评判，逐步在不断跟踪中发现其价值错杀的深度机会。

在投资中，我们必须将长期成长要素印在脑海里，这样就很容易在股海茫茫中选到最应该选择的超级战舰，就会积极发现、等待重大投资机遇。在不断跟踪企业成长中，我们可以将它们发布的企业信息和各时段的业绩表现一一串联起来，得出未来企业成长的大概率情况。这样就会对熟悉的企业进行合理的估值，找到最佳分批买入点，最后根据性价比来安排自己在各时段的仓位比例。

下面来看看长期快速成长的、为耐克等知名品牌代工的申洲国际（见图4-1）和缓慢成长的强周期代表宝钢股份（见图4-2）的月K线图。不管是长期缓慢成长的周期股还是长期快速成长股，我们都能从其常年的月K线图上看出来主要特点。按照前复权后的K线图，看到其股价在历年大熊市的低点有不断抬高的趋势。看到这个趋势后我们就可以根据以上要素细细分析其内在的本质原因，及其估值不断变化的情况。长期较快成长的企业图形上涨趋势流畅，而长期缓慢成长的周期股波动性大，底部抬高缓慢。

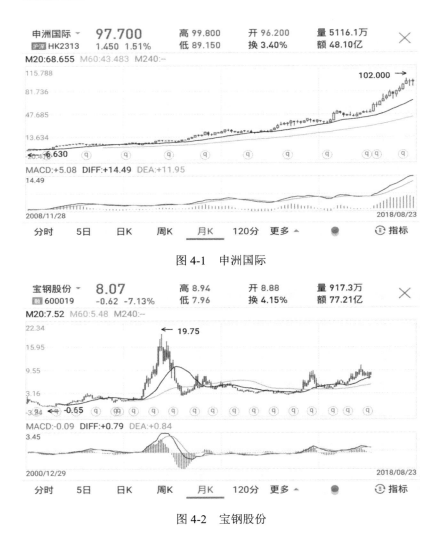

图 4-1　申洲国际

图 4-2　宝钢股份

我们对好行业、好企业的选择精简一下，从产品的角度看，总结为"多、快、好、省"。多就是企业产品的受众很广，消费者很多，能几乎覆盖各个年龄段、各个收入水平、各个地域。快就是产品消费频次快，消费者复购速度快，需求旺盛而有所依赖。好就是产品质量好，企业用户忠诚度强，品牌溢价突出。省就是选择产品非常省心，消费者放心选择，省时又省力。符合以上"多、快、好、省"的大多是消费品制造和医药产品制造领域中的企业，其中容易出现历史级的大黑马。

二、注重下跌准备：良好心态和现金

当我们空仓或者轻仓的时候，是否经常有这种感觉："拿着大量现金等着目标下跌，却总是等不到？"那种焦躁的心情可以理解，但是能够真正拿着现金休息的投资者，还算是非常理性的投资者。我曾说过，拿着钱等待股票下跌和拿着股票等待上涨一样难。

如果投资者的投资历程足够长，经历过一两轮完整的大的牛市和熊市，就会感受到："虽然拿着钱等待股价下跌很煎熬，但是更痛苦的是到了出现很多便宜货的时候，却满仓套牢没有钱买！"所以对于价值投资者来说，苦苦等待是有价值的，不管是持币还是持股等待。只要经历过大的波动转换，想明白这一点就不会觉得等待是一件苦闷的事情了。如果我们再发愁手里有大把现金买不到便宜货，就多回顾"钱到用时方恨少"的那一刻吧。

大家可以回忆一下，2008—2018年是超级品牌显而易见的大机会：曾经股价跌到十几元钱的格力电器，跌到了几元钱的福耀玻璃，"奶粉事件"后跌到十元钱以下的伊利股份，跌至百元左右的茅台，以及最近两年医药股的杀跌和核心资产的瓦解型暴跌等。哪一家优质企业的股价走势没有遭受过"黑天鹅事件"或是系统性大幅度杀跌呢？

这样多做回忆与总结，根据自己反思可以总结出：想要抓住大的价值机遇，必须做好两手准备。

1. 良好心态储备

学会"耐心等待"非常重要。等待明显的价值深度，等到最值得购买的企业遇到"暗黑"时再出手！现在我们证券市场规模已经扩大，沪港深三地市场中的顶级优质企业的股票会每隔两三年，甚至每隔一年会出现大幅度被杀跌的情况，下跌幅度达到50%的也不是少数。几乎所有投资者都有过急不可耐买入过早的经历，等到拿着大把的现金去耐心等待便宜货出现的时候，就证明自己成熟了许多。大家多回忆自己的投资历程，多思考很多赚钱或亏钱的逻辑，很多问题就会清晰了，也会加倍增添自己的投资信心。

2. 足够现金储备

多数投资的窘境是现金永远比机会更少。于是，等到股价出现了深度价值，的的确确非常便宜，但此时已经确确实实没有多余的现金了，这是大众常态。多体会"现金就是氧气"这句名言，最好的方法就是将保留足够现金的原则变成习惯，将按照投资体系做投资完全变成了顺其自然的事情。平时无多无空，大涨也好，大跌也罢，心情总归都是喜悦的：向下过激加点仓，向上过激减些仓。

三、为什么要"放长线,钓大鱼"

有朋友提出价值投资为什么要"放长线,钓大鱼"的问题,并且想让我解释下"长线"和"大鱼"的紧密关系。其实,做好价值投资,就是必然奔着最看好的"大鱼"而去,"放长线"蕴含着的道理主要有以下两点。

1. 困境突破曲折

大部分时间中,可能会有股价与企业基本面成长不完美同步的时段,或有较长时期不被市场认同,或出现回升下落、曲折向上的过程,而且市场价格反映企业内在价值需要经过中报或年报的公开信息确认,这个过程比较长。

2. 成长时间积蓄

基本面优秀的企业往往成长期较长,且并不是呈现出匀速成长,往往成长是时间不断积蓄的结果。企业每年的增长速度又难以预测,如果我们不假以时日耐心持有,很有可能错过业绩爆发的最佳表现时期。

比如,大家都知道的好股票贵州茅台,在2007—2014年的七八年间,其股价徘徊不前,无法再次有效创历史新高。因此,即便是两三年内市场不认同我们的持股,不给一丁点收益,没有快速实现较为丰厚的利润,我们还在一个五年,甚至更长的周期里,依旧认为其是"大鱼"类型吗?

这需要我们静下来细细思考这些企业的一些特质。

（1）行业地位是否稳固。

（2）产品具有极其广阔的使用空间。

（3）产品价格不断上升，可以抵御通胀。

（4）品牌忠诚度极高，是随处可见的品牌。

（5）历史分红高而稳定，不断拓展经营空间能力强。

具有以上特质的企业，随着人们物质生活水平的不断提高，以及物价通胀水平的不断向上，企业经营业绩大概率是不断向上的，经过笔者20年的观察，只要投资者在现实中观察什么产业具有较持续的发展可能，那么所对应的行业龙头一定是持续不断成长的。大家可以观察与住房和城市化、人们生活水平提升消费相关的一线企业股票，还有那些被动消费的医药制造业的细分龙头企业，都是有长线反复创新高机会的。

深度价值投资者会认真选择具有长期成长"轨道"的优质股，虽然企业成长不是每年匀速进行的，但也并不会经过一个短期迅速爆发然后马上熄灭。价值投资者只要耐心随着企业核心优势地位不断巩固，企业经营规模不断拓展，实现股价上的一级级台阶式突破就只是时间问题。也就是说，我们只买那些"不怕火炼的"具有"真金"的企业。因此持股者就要给企业以充分时间去施展经营能力，体现其能力表现肯定远远不止一个完整财报年，再加上经营上的准备、调整、蓄势回升、爆发等几个阶段，这就至少要经过 5～8 年来回确认。

因此，这里"大鱼"的逻辑就是优秀龙头企业时间累积的业绩效应。据统计，巴菲特的投资持股平均时间大约是 8 年，这也就说明价值投资者需要跟被投资企业的经营管理层一样极具耐心，不断在未来迎来一个又一个硕果累累的收获期。

第六节　静待过激：价值投资最基本的交易法则

我们试图寻找一种减少人为干预股票投资的方法，就是力求高度信任所选择的企业，长期有效地跟随企业一起发展，屏蔽一路上的噪声干扰。因此，我提出"静待过激"的投资策略。

"过激交易"的理论基础也是出自巴菲特的经典名言："在别人恐慌的时候我贪婪，在别人贪婪的时候我恐慌"。在此理论上我提出的深度价值核心交易策略是："在没有过激的、特殊的、大幅的价格波动之下，就安享股息变现，积累现金以期待不断增加优质股股数的好机会；只有出现过激的、特殊的、大幅的市场波动，才会动手进行难得的几回交易操作。"过激，分为上过激和下过激。优秀企业在市场下过激中产生深度价值，因此我们的投资口诀是："深度价值，持股守息；等待过激，三步取利"。关于卖出的三步取利法，我会在后面的章节重点介绍。

股票市场好比一个性情古怪的先生，这位先生以自己行为异常来赢得市场投资人士的关注,我们除了"过激"的时候与这位先生有些交往、进行交易外,其他时间最好别和他打照面,混得太熟他会把我们的钱悄悄偷走。我们越是离他近,就越不会真正了解他的全貌。只有在全市场普遍进入兴奋的泡沫阶段之后,我们才会提高警惕,做好随时卖出的准备;只有在全市场陷入一片恐慌时,我们才会慢慢捡拾跌落到地上熠熠闪光的金条。

在前两年的年报中,巴菲特坦言:"在股市大泡沫期间,我没有卖出一些重仓股,确实是犯了一个大错误。"巴菲特的传记作者艾丽斯·施罗德问过关于投资可口可乐的问题,巴菲特说,如果他卖掉的话,别人一看他这个第一大股东都卖了,肯定会跟着疯狂抛售,可口可乐的股价就崩溃了。可见我们对恐慌就不必多虑了,除非我们拿准了一家企业,成了其前几大股东!即便是这样,我们也在有极大可能出现大幅度回撤的上过激时考虑开始不断变现,以期待之后的回撤能买入更多的股数。

道理也许我们都懂,但对具体的上、下过激(牛熊市极点)之间的演变过程可能还不是很了解,我们需要在以下几个具体方面对"过激"进行具象化认识。

1. 从历史走势和牛熊市转换上看

其实从 1994 年上证指数的 325 点到目前 20 多年期间,一共只经过以下几个阶段。

(1) 1994—2001 年的指数上升期,指数从 325 点缓慢爬升到

2245 点，涨幅近 6 倍，期间很多个股涨幅惊人。

（2）2001—2005 年的指数下降期，历时 5 年，指数从 2245 点一直下跌到 998 点，下跌超过 50%。

（3）指数从 2005 年的 998 点一直到 2007 年的 6124 点，上涨 4 倍多。

（4）2007—2008 年，在一年多时间，指数从 6124 点下跌到 1664 点。

（5）指数从 1664 点到未来某个创历史新高的点位。

我们将牛熊市算作一个周期的话，加在一起至少是 7 年时间，我们从具有深度价值的熊市极点开始，想获得最佳收益，只有长持几年到估值泡沫时候逐步清仓，才会受益巨大！即便是不满仓，仅用一半仓位来应对，年化复合收益率也会远大于 10%。

虽然牛熊市转换的时间难以被预测，但因为我们建立的是深度价值高股息的组合，先做到不惧怕时间上的煎熬，随着时间的逐渐推移，即便是在深度价值区域徘徊久了，利用红利再投积攒股数就是在积蓄更大的爆发能量。因此，我们有理由耐心等待市场高估过激的来临。

2. 从选股和估值变化上看

深度价值投资选股着重选择优质的长期成长企业，等待深度价值区域不断买入，因此都会以长远的眼光来看待企业，深度价值比较经得起熊市寂寞考验，没有一个超大级别的波动也不会出手交易！虽然有时周期较为漫长，我们即便无法预测何时形成泡沫，但至少买入时就要有长期打算，有时候等待"过激"是一个较为漫长的过程，好似考验耐力的马拉松比赛。

3. 从经济周期和企业成长上看

经济周期的兴衰更替就如同人得病、治病、养病，俗话说"病来如山倒，病去如抽丝"，每一个周期从重新复苏到出现泡沫都会历经一个较为漫长的过程，但在发展的中途下车，很有可能几年也找不回原来买入的较为低廉的价格。而且优秀企业的成长估值也要历经一个估值修复到估值溢价，再到出现大的泡沫的过程，因此我们没有点耐心是不会有好收益的。

4. 从戴维斯双杀和双击上看

双杀的一级一级负面消息随着季度、年度报告的披露，股价的不断探底，到经济、企业形势的慢慢恢复，又一级一级正面的企业报告不断呈现，这些都需要至少两三年的发酵过程，此时间股价也可能会缓慢地逐级反映，因此没有耐心是等不来八倍、十倍股的。

我们往往选择最优秀企业，并在这些行业或细分领域龙头遭受一定困境时候大举进行布局，这就意味着要等待企业困境被改善、出现正反馈、戴维斯双击三个过程。

5. 从企业经营周期上看

上市企业至少在一个季度报一回经营业绩，业绩能完全认同至少需要一年的年度报告，有的甚至2~3年才会被认为企业确实进入了经营业绩上升周期，等待企业报告的确认也会耗费几年时间，如

第四章 行：深度价值投资攻略

果市场刚好遇到受各方面因素影响的低迷时期，其更不会马上出现与业绩匹配的相应价格，价格过激更是需要一个长时间的累计。

大家对比从2007年开始的贵州茅台业绩增长趋势图以及股价走势图，就会感受到股价反应的滞后性（见图4-3和图4-4）。

市场的过激一定是市场意见高度一致的汇集过程，也是悲观或是乐观情绪全面爆发的过程，更是市场人士集体"恐慌或贪婪"的犯错过程。针对过去两次大泡沫的研究，我们发现从泡沫开始盛行到破灭，总会是市场大多数人在犯错误，真正冷静之人是极少数的。但市场上每一次出现的重大考验，对于价值投资者来说，都是逐步迈向成熟的绝佳机会。每完整经历一次这样的过程，我们的深度价值信念口诀"持股守息，等待过激"，就会更加坚定而有力！

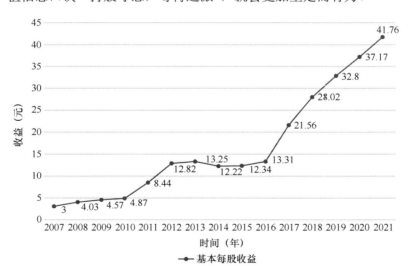

图4-3 贵州茅台每股收益情况（2007—2021年）

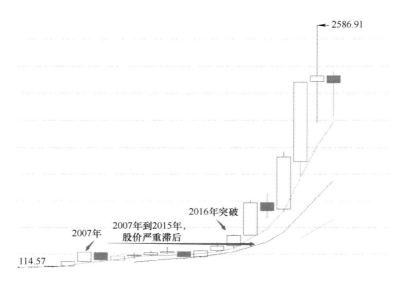

图 4-4 贵州茅台年 K 线走势图

第七节 价值投资的核心持股策略

一、估值,"暗黑"时候默默潜伏

多年的投资经验告诉我,几乎所有股票遭受系统性大跌后,会逐步成为其本身价值的最好试金石。反复琢磨沃尔特·施洛斯的一个举动,我逐步明晰了这一点:前期熊市底部的价格或估值水平非常值得我们价值投资者"尊重"。我经过统计得出大致的一个黄金坑范围。

1. **常年持续高 ROE(大于 20%)**

估值倾向于"市盈率+股息率",黄金价值坑最好是市盈率

（P/E）在 20 倍左右或 20 倍以下合理。特殊情况下，在某些行业暂时的低迷期内，可以遇到 10 倍左右市盈率的大好机会。这类股往往是消费龙头或超级品牌股。

2. **常年较低 ROE（小于 20%）**

估值倾向于"市净率+股息率"，如果是小市值（500 亿元以下）的隐形冠军企业，价值黄金坑在 15 倍市盈率、1.5 倍市净率，股息率在 4%之上。

3. **强周期行业龙头**

行业极度低落，黄金坑估值倾向于市净率在 0.5～0.8，市盈率研究属于次要，但最好不大于 30 倍，股息率参考 5～10 年、平均水平在 3%以上最好。

4. **医药生物科技龙头**

最好在整体市场极度低落、市盈率达到历史较低水平时买入，指数大跌的黄金坑基本上就是医药股和科技龙头股的黄金坑。

5. **常年收入比较稳定的服务业或必需品制造业**

利润受到原材料和燃料价格影响大的，可以参考"市净率+市销率"，接近净资产的价格，加上市销率小于 1，就说明股价开始进入了价值黄金坑。

以上仅仅说明了各类企业大致的价值黄金坑的估值情况，很多行业的具体估值策略还要具体分析，要记住历史上的巨大的恐慌、估值坑就是巨大的价值黄金坑，但没有一次大跌不是感觉似乎问题重重的，行情跌势似乎深不见底，根本看不出一丝希望。但企业还是那家企业，人们继续热衷消费其心仪的产品，不管市场如何恐慌。我自己回头看看 20 多年投资生涯，每遭遇影响股市巨幅波动的事的时候，都是头一遭领教新名词时，比如国有股减持、次贷危机、熔断、CDR（中国存托凭证）来临、局地冲突、贸易摩擦、各种类型的去杠杆等。但是回忆过来，也不用太惧怕这些新鲜事，坚定信心掌握三条足矣。

（1）认准好行业、好赛道。

（2）认准行业里最优秀的行业龙头。

（3）不断在"暗黑"时候追加股数。

我们想要资产增值，必须舍弃很多收益不是非常理想而且模棱两可的"设计"，一根筋跟踪最简单的、最优化的方法。坚持以上三条，我们才能做好潜伏深深的黄金坑，才能穿越迷雾，穿越风雨，穿越艰难险阻。

回顾那些过往涨幅数十倍、百倍的企业，并不是我们不知道它们的好，主要的问题是：选择不坚决，潜伏不彻底，追加股数动作不连贯！

二、持股守息：好股一定有持续成长的股息

作为深度价值投资者，我主张选股配置组合里的优质股票，几乎全部要有持续的股息分红。因为我们选择了好赛道里的最优

秀的企业，除了股息持续之外，股息的长期成长也是很重要的观察点。

如果组合里大部分都是这种具有持续股息分红的优质企业，那么我们会发现做"夜夜安枕"的投资将不是一件难事。

1. **它是唯一不依赖市场差价，长期投资自动保存现金利润的手段**

   对于市场差价的判断，即便依照估值也有很多难以确定的情况发生。但是如果我们找到高息优质龙头股，可以通过不断持有收息的方式，找到模糊正确的获利变现大方向，从而奠定赚取丰厚复利收益的基础条件。

2. **它有调节风险的作用**

   在一个上涨太久的牛市，不断现金分红除权可以降低市场价格，可以不断平抑估值。对于投资者，可以自动留存部分现金，不断分红可以不断降低投资组合风险。当熊市出现低估时，不断现金分红除权加上熊市打压，可能出现更具深度的价值投资机会，可以给我们利用分红再投的最难得机遇。同时，高股息率也可以吸引场外大量资本涌入，起着稳定市场价格的作用。

3. **股息分红水平可以透视企业文化和管理层运营的水平**

   好企业以不断真真切切回报投资者为己任，并且能够形成良好的传统习惯，在经营中也会保守谨慎地使用现金结余。不管管理层或一把手是否换人，企业优秀文化得以传承，证明其管理体系完备，制度成熟，经营运营能力属于高水平。高股息分红最受长期投资者的喜爱，对企业未来稳健经营给予长期支持，形成企业和投资者良性互动。很多高息超级消费品牌股，不仅受投资市场人们的钟爱，也受上百货超市购买商品的老百姓的钟爱，因此品牌溢价就足以让其经营业绩傲视群雄。

较持续的股息分红可以说明企业经营稳健而优秀，并说明企业行业地位的稳固性。一家上市企业20年以上不断高息高分红，不仅仅说明其产品的销路通畅，还说明了产品的用户高忠诚度和不可替代性，同时说明企业的壁垒坚固，"外来入侵者"难以撼动其地位。

4. 对于每年优质股的分红期盼

股息就是我们在市场的"冷静剂"，它让我们避开了纷纷扰扰的市场噪音！这样看来：买股票就像买债券，买的是企业信用和企业的能力，买的就是企业稳定的成长性。

三、从彼得·林奇的四类股谈起

将股票做分类，对估值、成长性、投资收益等有个区分，是比较客观理性的做法。彼得·林奇将股票分为四类：第一类是成长企业股票，他预期收益是在数年内三倍；第二类是资产被低估的企业股票，他希望短时间内赚到三成，然后立即抛出；第三类是特别情况与衰退周期股；第四类是防御性股票。我作为基金经理，也很赞同彼得·林奇的股票分类法。因为他基本按照了不同企业成长特性或主要特质来进行持有，符合企业发展和股价表现的客观情况。

彼得·林奇认为，一个股票投资者在股市低迷时，将半数资产采取现金持有的方式，是极端错误的，当市场转好时，他将失去大部分机会。他认为，寻找一只便宜的股票，要比预测明年股市趋势这样模糊的概念更加实在。他以持有那些高股利保守型企业股票来代替持有现金，他持有众多股票，但对一些成长性好的股票，他可以连续动态持有很多年，期间有卖有买，但最后获利丰厚。比如房利美是彼得·林奇的得意之作，一只股他赚了10亿美元，从三五美元开始一直到60美元动态持有。

这里我总结彼得·林奇的投资经验，并不是单单为了生搬硬套，而是进一步使我们自己的投资更趋向合理化，请大家注意以下四个非常实用的投资策略。

（1）**标的分类**。我将投资标的分为：防御股、红利股、成长股、超级品牌股。

（2）**择优录取**。我们尽可能在各个行业、领域中选择带有以上特色的顶尖的品种。这个顶尖就意味着选择企业要本着保守可靠原则，只选择行业最优质的龙头，或有一定壁垒的、高息的、细分行业冠军等。

（3）**目标收益**。同样是一轮由熊极点到牛极点的过程，股价涨幅差异巨大。非常具体的原因总结起来很复杂，但由以上大体分类，我们可以粗略地知道一些涨幅背后的小秘密。就犹如彼得·林奇的目标收益一样，在牛市运行到一定阶段，大家一定要注意区分对待。一般按照成长性来区分，最终的涨幅结果肯定不会整齐划一，要不断监控基本面的变化，在分类目标收益的理念下，找到股价完全提前透支的组合成分，提早做出减仓或清仓的动作。

（4）**适度分散**。这是我提到过的保守策略之一，比如我们之前讲过的，分散布局到吃喝、穿住、用行、医药等几个行业的顶尖企业。虽然买入构建组合是一个循序渐进的过程，但基本方向是坚持中庸原则。虽然布局中可能有先后和不均等情况，但原则上是不十分突出某一类，不做过分的集中持股，重点就是在以上大消费行业的四个子行业中合理地、有所控制地适度分散布局。

再看看其他价值投资大师的策略：沃特、施洛斯只找低估资产类，芒格集中持有最优秀企业，巴菲特将低估、套利和控股三种投资方式巧妙配合等，可见就单说价值投资方式其实都种类繁多。但他们都有一个共同特点："长期坚持自己的原则，绝不左右摇摆。"另外，他们跟踪和买入企业的基本理念和原则是一致的，都是"价值为本，保守为魂"的精髓体现。

从我个人投资历史上看，彼得·林奇谈到的几种股票我都经历过。在此期间也都不断总结过自己的得失，并努力寻找自己最得心应手的投资方式。我们不必强求，也不可能苛求和大师们一致，只要价值判断基本要素一样，坚持自我是最重要的。

四、买入之前的要求

我要再次提醒的是，选择股票进入股票池很重要，只要将选股做好了，如何买入那只是"术"的问题。选对企业并且坚定长线跟随，这是投资胜利的决定性要素。而买入的价格追求只为了三个目的。

（1）低价格可以买入更多的股数。

（2）低价格可以提高收益水平。

（3）低价格可以取得一定的心理上优势。

为此，我们多考虑一下买入之前的准备工作也是有必要的。首先，投资思想认识上要秉承保守和苛刻的理念。因为我们在投资交易之前，必须要做好这**六个准备：信心准备、情绪准备、现金准备、策略准备、眼光准备、风险准备**。而所有这些准备都要有根基，就是保守和苛刻。其核心思想就是"在合理价格上购买伟大企业"。

在买入的时候以此来细致梳理所有要素，用以解决这两个问题。

(1) 个股长期下跌能量是否已经被充分释放?

(2) 是否有足够的、全面的理由支持上涨能量的开始?

我们根据以上两点调整分批买入的时间,比如奥瑞金受到大客户的"官司"影响一直被打压,这样的事件短则一两年,长则三五年才能彻底摆脱,所以布局期间就要抱着长期的态度,等待企业内生性的成长或大事件的影响逐步消除。

在具体投资实践中,我们必须将理念落实到具体操作上,我有以下三个解决方案。

解决方案一: 固定跟踪,量化买入价格和尺度

我们可以将所有符合自己选股条件的投资标的进行价值排序,然后结合自己的买入标准,计划好如何安排买入的梯次和仓位限度,制订出未来大概率集中最有可能的布局方案,这里包括买入价格和尺度,或是评估标准和细则、风险防控的前端控制等。

解决方案二: 不在盘中做决定

提前几周甚至几个月做好投资计划,最好要有专门的风险监督员。这就是接下来理念的执行问题,机构投资者可将策略计划制订人员和具体执行交易人员分开,各司其职。交易计划定在几周甚至几个月前完成,没有特殊原因,不准在开盘交易时间段内

下达交易指令。而个人投资者就想法回避在交易时间打开交易软件，所有交易必须全部执行在 9:30 提前挂单完成，所有挂单都符合事前所制订的交易计划。

解决方案三：渐进式买入或采用阶段定投的方式，有严格的仓位上限控制

绝对避免提早买入是不现实的，但我们可以适当分散，渐进式买入，而且注意不过分集中于某一家企业或某一个行业，永远保留比较充裕的现金。这样即便是某些品种出现买入过早的情况，也可以有回旋余地。

投资中，永远给自己的价值预判留有后路是聪明选择，做一个保守组合就是为了最大限度地防控风险。保持保守的仓位在遇到危机时是至关重要的：它使人们能够保持以长期投资为导向，思路清晰，集中发现新的投资机会，而让其他人可能甚至被迫出售自己的资产。

"买入成本稍高"是投资者普遍遇到的问题，也不可能完全消除，如果能用长周期眼光看，买在合适的大区间内，只要模糊正确其实就足够了。一味追求低价格买入，可能也面临踏空或资金不足的问题。如果我们有能力和方法进一步提高资金使用效率，买得相对理智些、慢一点，不仅能提高长期的复利收益，还有利于投资者保持平和的心态。

五、为什么总买不到历史大底

打开一只股票的长期 K 线图，很多投资者都会感慨，股票投资很多年了，为什么自己总是买不到历史大底的区域呢？因为大多数人看的是眼前的市场状况，而不是去展望行业企业基本面的前景。

"低买高卖"是股市投资的真谛，"几乎不需要卖出"是价值投资的更高境界。价值投资就是在以更合理的分析要素——基本面要素分析，更客观地接近衡量价格高低的标准。而基本面分析只能确定当前价格是否严重偏离企业的内在价值，并不会预测市场价格的底部形成。在以往历次大的熊市低迷的尾段，往往股价严重向下，大幅偏离了内在价值，这就是我们所讲的深度价值区域，这个区域比较接近历史的熊市底部区域。

很多人都在感叹为什么自己买不到便宜货呢？我分析其中原因大体有四个。

1. 没现金

没有保留现金的习惯，在较高的位置任意买入，导致很便宜的时候早已没有了可用现金，只能看着"遍地黄金"却无力去捡拾。虽然底部的具体点位无人能未卜先知，但是最基本要求是在遍地黄金的深度价值区域，投资者必须保留足够的现金储备，那时候的买入有时候几乎有着"以一当十"的巨大威力，所以哪怕保留仅仅一小部分现金，捡到极为便宜的价格，也会对未来的复利收益增添一分力。

解决方案：按比例留现金，或保存分红，耐心等待"暗黑"时候分批买入。

2. 没胆量

时常出现显而易见的深度价值，当然会伴随着显而易见的令人困扰、恐慌的消息面，前景黯淡、经济停滞、国际局势不稳定等。恐慌的理由千千万，但只要地球照样转，市场上多数企业总要伴随经济发展一起勇往直前，这时候我们要有胆量选择优质行业龙头不断"潜伏"。

解决方案：投资市场上没有给所有人长期都赚钱的机会，只有少数人能成功，因此想要成功，我们必须有逆向思维的能力，坚决在持有的优质股"暗黑"时候不断加仓。

3. 没章法

投资者缺乏一些基础的投资原则，没有在交易前做好充分的准备和完善的投资计划。经常是被市场氛围所裹挟，股价上涨的时候盲目追涨，下跌的时候混乱"割肉"。

解决方案：认真学习基础价值投资理念，建立自己的投资系统，制订操作计划，严格执行。

4. 没信心

对投资的本质不清楚，即便碰巧买了"世纪大底"和最具成长价值的股票，但便宜买了也会随手便宜卖了，赚一点点钱，后来又频繁换股，结果换到高位利润悉数吐出。

解决方案：既然认定买到了长期很难蚀本的便宜价格，只要企业不错，也必须要经历长线持有的过程，才能获得比较理想的数倍收益。而等待市场出现向上过激减仓，等待合理位置买回也是一个不错的办法。不要太频繁判断，尤其是对市场行情和宏观经济的预测。

等能领会巴菲特所言的："每次大幅下跌并不是坏事（是大好事）"这句话的心境的时候，可能就会真切明白投资的含义。说来简单，内涵极深，需要所有投资者不断努力感悟！还是巴菲特那句话："股票市场只是方便股东转换股权，但是由于现代化的股市运作，买卖股票赚差价反而成为投资股权的重要目的，持久拥有股权、等待分配股利则沦为被套牢时候的无奈之举。"这让很多投资者深陷交易困境中无法自拔。

六、应当留意周期性因素：寻找穿透时间的长牛股

因为深度价值投资力求长线，依靠优质企业带来持续的复利收益，这就需要寻找能长期穿透牛熊的行业和企业，所以留意一些行业和企业受到周期性因素的影响而造成的无法实现长期持有获得收益的情况，也很有必要。为此，我们通过翻看几千只股票的复权年线、行业归属、基本亮点、分红水平、与2007年高点对

比等要素，分析企业的穿透牛熊市的能力和周期性强弱，如表 4-1 所示（数据截止时间为 2022 年 6 月 1 日）。

我们将 2000 多家在 2007 年之前上市的企业，按照上面的表一一罗列，就能找到能够持续穿越牛熊市的好股票。随着价值投资知识的学习，我们的大脑存储了更多对于穿透牛熊市的好企业的一些要素信息，这样我们可以开始做减法，最终得到最简单的定性分析道理。我们从周期的认识开始，到能找到穿越经济或市场牛熊的顶级企业为止，才真正步入了价值投资的另一个高级境界。

著名的价值投资者、GMO 资产管理团队成员之一的詹姆斯·蒙蒂尔在论述价值投资的时候，将"必须关注周期性因素"作为一项重要原则写进《价值投资：通往理性投资之路》一书里，他说："即使是长期投资者也不例外。"对于古板的价值投资者来说，周期因素的关注好像犯了大忌。但正像橡树资本的霍华德·马克斯说的那样："或许我们不能预见未来，但我们至少可以为迎接未来做好准备。"

而对一些周期因素的了解，能够非常简单地弄清楚价值投资者手里拿到的股票，其估值处于什么经济周期中，从而能仔细辨别其估值的有效性和时长。蒙蒂尔列举了最典型的三个周期性因素："经济、信贷和情绪"。我的看法是对周期性因素的关注会对自己的投资有很大帮助，但绝不能以此来预测经济和指数的未来。

表 4-1 企业穿透牛熊市的能力和周期性强弱分析

股票名称	复权年线	行业归属	基本亮点	分红水平	比2007年	成长简评	穿透时间	评定
招商银行	漂亮斜率	金服、一般行业	最大零售、最大信用卡	持续优秀	2倍左右	中速	能	非最佳
四川路桥	台阶向上	工程、一般行业	高速桥梁、特长隧道、竞争优势	持续中下	3~4倍左右	中速	能	非最佳
同仁堂	漂亮斜率	医药、好赛道	最先进、最大、传统中药	持续优秀	5~6倍左右	中速	能	次最佳
恒瑞医药	漂亮斜率	医药、好赛道	化药第一、挑战世界	持续优秀	9~10倍	快速	能	最佳
万华化学	漂亮斜率	基础化工、好赛道	MDI龙头、亚太最大	持续优秀	7~8倍	快速	能	最佳
扬农化工	漂亮斜率	化工、农药、好赛道	全球菊酯、龙头企业	持续优秀	13~16倍	快速	能	最佳

第四章 行：深度价值投资攻略

比如，从2018年的形势来看，按照蒙蒂尔所讲的"经济、信贷和情绪"，简单分析下市场价值的形成：由于经济上的去产能和供给侧结构性改革，使得周期行业量跌价增，周期行业龙头地位越发突出，业绩逐步改善。在2018年6月货币政策逐步宽松以来，债券价格得以恢复。从市场情绪上看，人们在熊市总是会过分夸大一些负面信息，因此在去产能周期里，由于市场信心不足，使得一些消费类优质股的价值能够逐步清晰地浮出水面，有利于我们利用市场的低迷展开为期十年的大布局工作。但捡起金条的动作很容易，忍受煎熬却很难。信心来自价值规律的作用，以及对经济周期的必然轮转反复的信心，前提是只要必需品生产的龙头企业地位突出，长期股息优厚。只有具备这些弱周期条件，我们才可以在周期的风浪中坐稳潮头。

价值投资者适度了解经济或行业周期，了解市场参与大众的情绪周期，是对投资大有益处的。霍华德·马克斯说："价值不是一成不变的，它们可能会随经济环境的变化而变化，因此了解我们在市场中的位置，会让我们的投资更安全。了解投资者心理的变化，也对我们的投资大有帮助，当投资者过激卖出而价格颇具吸引力时，我们会倾向于买进。相反，如果大众都乐意买进，我们就要考虑是否会有更好的买进机会（而不会和大众做相同的事情，与大众一起买进）。"了解周期是要警惕周期带来的损害，是要寻找真正能够穿透周期的优质企业。

这个意思是说，价值不是刻舟求剑，需要辅佐其他因素来进一步确定安全性。有时候，估值并不能反映企业真实的长期内在价值，比如强周期股在商品价格高涨的时候，大多赚得盆满钵满，这时候的估值显得异常便宜。但是危机很有可能接踵而至，因为产品价格的继续暴涨肯定是不可能被市场持续接受的。同理，必需品的价格暴跌也是如此，企业似乎经营陷入困境，但行业龙头肯定会从价格复苏中率先出现反转。

当年巴菲特买中石油就是很好的例子，虽然他对中石油年报和管理层做了一再了解，但他买入强周期企业的主要动因是看到了当时的油价相当便宜，当时中石油的股价也相当便宜。巴菲特看到了一个崭新的上升周期就要呈现在眼前了。但我们如何判断价值评估是否变化，是否到了更深度的价值区域呢？借鉴一下经济环境和大众情绪的周期变化，会是一个不错的办法，因此我们要包容一些有益的"旁门左道"，而千万不要教条闭塞。这也是芒格先生倡导的"思维的格栅"理论的运用。

邓普顿爵士的逆向投资论也在阐述"在他人绝望抛出时候买进，在他人疯狂买进时候抛出，这需要巨大的勇气，但也会带来丰厚的回报。"看来关注价值以外的东西来补充对价值投资的深刻认识，已经是各位投资大师的共识。

我们可以找到以下 20 只几乎完全符合选股条件的股票，以供大家跟踪研究：福耀玻璃（600660）、恒瑞医药（600276）、万华化学（600309）、片仔癀（600436）、扬农化工（600486）、法拉电子（600563）、海尔智家（600690）、伊利股份（600887）、老凤祥（600612）、海康威视（002415）、云南白药（000538）、贵州茅台（600519）、长春高新（000661）、华东医药（000963）、新和成（002001）、伟星新材（002372）、东方雨虹（002271）、双汇发展（000895）、安琪酵母（600298）、华鲁恒升（600426）。

当然，其中还有一些是2007年以后上市的，我们也可以认真跟踪观察，比如奥瑞金、美诺华、药明康德、美的集团（整体上市）、金禾实业、益丰药房等。

七、将顶级股票装进箱子、贴上封条

一位初涉价值投资的朋友问我："依照价值投资要素精心选择构筑一个组合，但是每天看盘很急切，虽然几乎总体没有亏损，但总是跟着行情起伏，如何处理好心态问题？"我回答说："如果按照价值要素综合考量，你的组合不错的话，将它满满地装进箱子里，然后贴上封条即可！"

他问我："何时打开封条？"

我说："等到箱子里的股票有过激的涨幅，总体市值不断膨胀，撑破你的箱子封条，然后再去打开变现一部分股票。然后，继续封上，等第二次涨破你的箱子封条后，变现大部分或全部股票，取走现金存放好。等待箱子里的股票市值缩水大半，再用备好的现金去填充满满……在此期间，别管经济周期、市场波动、内幕消息、国际形势……都不要去管，只看箱子内市值缩水程度或封条是否涨破。"

他说："你的比喻我明白了，具体如何实施？"

我说："建立自己的操作系统，仔细研究制订自己简洁的操作计划，抓好涨破封条的标准，看看通常价值衡量的高估或低估点是多少，稍稍降低你的预期，按照一个切实可行的标准，严格执行就行了。"

我又补充说："知易行难，看你今后的自我把控能力了，想要知行合一，需要常年修炼。"我的修炼方式就是通过自媒体写文章、网络直播聊天、阅读财报信息、研究企业等形式来填充不看盘的空白时间，逐步忽略对市场波动的心理依赖性。

以上这一段对话，我不止与一位朋友分享过，每一场大涨、大跌的过程都是一次重大的财富再分配的过程。因为和顶级优质企业一起获取不菲的利润需要安静守候，而不是见异思迁地乱动。能完成这一过程的，必定是意志力超级顽强的少数人。最初人们欣喜地加入价值投资队伍，但是最终走到最后的寥寥无几。

也有投资者担心，组合"贴上封条"后，如果股票"全烂"掉怎么办？

（1）做好"站队"工作，只选优质龙头、产品地位突出、高股息分红的股票，如果自己没有深研企业，没有十足把握，做成适度分散的五只以上股票组合也可以。这样连上了几道安全锁，就是为了防范个股较小概率出现的"黑天鹅事件"。

（2）投资者可以多总结，沪深两市几千只股票，即便从中随机选取做组合，遇到坏到"全烂"退市，资产流失殆尽，甚至长期来看出现很大浮亏，也是很小的概率。大部分股票在大部分时间买入，长期来看都是可以获利的，只是收益多寡的问题。更何况我们做了很多道"封锁线"，严格挑选，认真布局呢！

大部分时间"贴上封条"的优质股组合，在我的长期实践中发现有两大好处。

（1）省去了很多看盘操心的时间，至简者常胜，可以放松心情，悠闲地去过慢生活。

（2）这是保证能够"鲤鱼跳龙门"的长线收益最好的策略。

第八节 卖出法则：三步取利法

一、好的卖出策略

虽然价值投资不等于长期持有，但是如果利用深度价值投资进行财富"逆袭"的话，最高境界就是长期持有，而"上过激"卖出只是很稀罕和很谨慎的操作，而且大多数的卖出动作是可以用安静持有替代的。我们如果没有十足的把握能"买回来"，最好不要考虑卖出。

保留部分现金做变现也是一种好的投资策略，这和长持理念并不矛盾。比如约翰·聂夫讲过，在价格过高的市场中，他管理的温莎基金总会定期地持有多达 20%的现金。市场狂飙以及我们找不到可以合理买进的股票时，温莎会大量持有现金。因为在狂风巨浪中，现金是最好的支柱。

从投资历史上看，大多数人对于"卖出"问题总是很头疼，我多年分析发现，大家之所以觉得卖出很难，是因为两点：一是总想找个精确标准或法则，二是想找到卖出的精确的最高点。其实抛开以上，只要用模糊原则卖出会很简单，根据上面两个难点我总结出卖出三原则。

第一个原则：要记住"不卖"。

第二个原则：上过激，分批卖。

第三个原则：非长期最优选择。

其中，第一个原则的分量是 99%，第二个原则的分量是 1%，轻易不涉及第三个原则，也就是我们要力保所选标的是在我们持有时间内一直是最佳选择！

卖出看似很复杂，其实很简单，股市里的赔钱情形几乎只有一种：高买低卖。为了避免高低判断失误，我们必须寻找高低判断的可靠根据。哪怕只是模糊的方向，也必须寻找概率上的支持。依照无数次的实践验证，我认为根据基本面的价值分析是较为靠谱的一种方法，我们怀揣一把价值标尺，就可以笑看涨跌无常的市场！

巴菲特也曾说过一句话，其大意是：不想持有一年的股票干脆连一分钟也不要拥有。好的企业高市值是相伴终乎的，所以价值投资者在制定交易策略的时候一定要淡化卖出的研究，虽然我们不能绝对地说买入后就一定要长期持有十年以上，但总会有办法选择一种能够坚持的、简单的长线投资策略。

二、三步取利法

我认为将卖出分为三步去实施，基本符合了教科书的严谨和投资的艺术性。我将股票卖出分为三大步，又叫"三步取利法"。

第一步：足利卖出

当组合里单只股票离开自低点位置上涨 50%以上，逐步离开了深度价值区域且获利就可以实施足利卖出。卖出的量最好不大于该股持有量的 30%，仅仅为了保留一部分现金而为。

足利卖出是离开深度价值后的一个心理满足型卖出策略，可以降低持有风险，也可以保留一小部分现金，有利于剩余部分做好未来更长期持有需要。这部分减仓主要是起到"安抚内心、顺气顺心"的作用，并可以稍稍得到一种获得利润的满足感。

若买入的价格或企业定性分析不够苛刻，这笔减仓也可以使这部分投资不会立于长期的危险境地。降低收益预期，恰逢时机变现，使得现金储备充足，还可以等待其他优秀的标的出现进一步大跌后继续买入。

第二步：高估卖出

如果组合中的个股有高估的趋势或确定性达到历史的高点区域附近，出现"向上过激"就可以实施第二步卖出，高估卖出总量不大于当前持有量的 80%，可以随着高估程度日渐明显，再分若干小批次进行。其实，高估位置很难做价格上的精确辨别，但我们可以感知其价格距离深度价值已经非常远了，而距离历史多次牛市高点附近估值顶峰区域已经近了。那么，就可以开始采取"渐进确认法"来对待。逐步分批减仓。

因为高估区域大多数是一个很宽广的区域，或是一个较为长期的过程。有时候在明显高估以至于泡沫出现时，股价能上行一倍甚至几倍。我们依照客观常识来进行分批处理，有利于在不断观察和企业成长中确认估值的准确性，不至于因为自己主观武断的行为，导致得不偿失的交易后果。

第三步：卖在彻底坏

在"不卖之卖"的理念下，这一步一般情况下不会实施。除非个股高估得确实离谱，或者该股不是自己准备作为的核心底仓。所谓卖在彻底坏,就是之前作为买入到持有的所有逻辑依据的"好形势"基本不复存在了,整体市场泡沫严重,且估值达到或已创造历史估值顶峰,将组合中股票进行彻底清仓卖出。趋势技术者认为彻底坏是股价的趋势,我们可以对此有条件地借鉴,其中的条件是只有价值估值、基本面因素、市场情绪都在提示风险的情况下,才可以将趋势做止盈参考。比如明显高估、企业发展开始变得缓慢、整体市场泡沫出现、投资者入场情绪高涨、基金募集疯狂等综合因素显现,但股价上升趋势还在,就可以稍作观察等待价格走势上的彻底转向,毕竟最后保留的底仓仓位不大。

可见,在遵守保守理念原则和最大限度留存利润的基础上,我将深度价值投资的卖出交易实施总结成三大步策略。简单来说大致的步骤就是:离开深度价值区域一定高度,可以进行第一步减仓;如果股价继续上行,估值发生较大变化,可以开始考虑高估值减仓;当整体市场出现沸腾和个股估值出现泡沫时,就要考虑分批将剩余部分非核心底仓彻底清理掉。

这样下来,将原本卖出交易的大难题分解对待,做到精简、明晰、有序、有理地实施应对策略。也就是说,总体一定是基于价值估值这一基本原则,依据距离深度价值区域高低进行逐步减仓,就可以将自己的最终卖出成本逐步接近那个燥热的泡沫牛市极点区域。

第九节　构筑能够实现资产"逆袭"的组合

一、仓位加减的逻辑

为了防范市场的系统性风险，提高长期复利水平，投资者有必要学会持股和持现的适时转换。我们经常会看到：市场部分股票疯狂下跌，很多股票出现显而易见的价值时，手里的现金却所剩无几。市场疯狂上行，泡沫严重的时候，还有很多投资者却满仓乐此不疲地奋战到底。以上的情况我本人也经历过，但如果能多看看指数的历史，多想想资本市场说变脸就变脸的场景，就能增加防范意识。不管是大资金、小机构还是一群散户，聪明人比比皆是：都想比别人买得低，都想比别人卖得高。

如果沉浸在短期估值里面，想寻找最佳交易机会，那么就像手里拿个锤子，不经意就想不断去交易。想让自己的资产"逆袭"，靠频繁的交易肯定不行。纵观过往能够穿透牛熊市的企业，如果安静选股，根本不用费心交易。所以深度价值的交易精髓就是：尽可能较少地去干预持股的市场发展，"放心放养"，不交易才是最高的交易境界。有三个原则要记住。

（1）**根据苛刻性原则**。加减仓位的最重要一笔尽可能在市场过激的时候进行，就是加仓等待巨大的价值闪光点出现。减仓最大一笔要等待股价明显高估或市场整体价值出现泡沫。

（2）**根据保守性原则**。选股一定要锁定能够持续成长的好赛道、好行业里面最优秀企业，并且保留一定量现金。

（3）**根据简单性原则**。买定持有"放心放养"，一定要练好深度价值投资的"金钟罩和铁布衫"，屏蔽各类噪声，耐心专注于优质企业。

投资者进行有效的仓位管理的重点一定是对估值性价比的研究，但是对于持有的最优秀企业来说，我们能容忍的估值区间是很宽泛的，因此最有效的应该是画龙点睛的时刻，才做交易进行管理。千万不要迷信交易的力量，要极为看重的是持有的力量。

比如根据以上逻辑，价值投资者可以制订深度价值买入、加仓计划，核心是为了更有效跟定已选择的优质企业发展，能够确定性地在上下过激中增加更多股数。另外，如果在布局之后若有分红累积或是又新进入的现金，也一定遵循事前的投资计划，在持股"暗黑"的时候有计划买入，控制好股票与现金的大致比例，没有买入机会就一定要保存现金，耐心等待。

要记住，交易只是方便介入最优质企业股权，获得优质股权长期不断成长的分红收益，而不是方便博取短中线交易差价的。总之，只要交易逻辑清晰正确，持续坚持原则，投资复利收益滚滚而来是自然而然的事情。

二、简洁有效的配置

深度价值投资成功的秘诀就是将最简单的手段坚持到底，如果安安静静地、认认真真地追求保守的、有深度基本面的企业，做一个简单配置的组合，我们也可以完全不必掌握更深的财务分析或低风险投资技巧。因此，千万不要过分相信一些技巧的传言和信息的灵便，或是能赚快钱且一夜致富的谎言，荒废了追求价值正道的大好前途。

有投资者说，做了价值投资深受其害，这几年（2020—2022年）医药等核心资产都被套得很深。其实，伤害你的不是价值投资，而是你自己，价值投资本不是能让任何人都一夜暴富的灵丹妙药。做价值投资，你要正确地对待时间、市场波动、安全边际，要对这三个要素深刻理解：价值投资需要付出时间等待企业的不断成长；价值投资需要忽略市场的短中期波动；价值投资需要等待安全边际合理的价格时候收纳，过激时交易。所以我们追求简洁有效的配置。

我们前文提到过最好的行业就是消费、医药和基础材料，这三个贯穿了人们生产生活中所必需的用品，具有"多、快、好、省"四大特质的行业龙头企业。从国内外案例中我们可以看出，这三个行业的龙头企业是能够长期穿透牛熊市的，只要我们选择三个行业里的细分行业最佳，配置2～6个顶级企业就可以完成简单有效的长期投资工作。我个人以及我们公司的基金无非也就是这么简单的长期配置逻辑（见表4-2）。

表4-2 组合配置

仓位排位	公[①]1：困境反转	公2：科技	公3：材料	公4：防御	私[②]1：白马	私2：隐形
第一位	奥瑞金	比亚迪	扬农化工	云南白药	伊利股份	伟星股份
第二位	华东医药	海康威视	万华化学	老凤祥	恒瑞医药	美诺华

① "公"字代表我公司产品。
② "私"字代表我个人持仓。

以上是我公司产品以及我个人长期持仓的重仓前两位，前两位往往占据所有股票市值的80%以上。

建立有效简洁的持股配置，忽略短期的波动因素，跟定最优企业，这是我们要修炼的基本功。如果不了解价值投资的深刻内涵，那么最终出问题的就是自己。拉长时间看，或者也许根本没什么问题，就是自己的承载力不够。所以，成功的价值投资者大多不是在投资技巧上的精进，而仅是精于"等待"习惯的努力培养，靠时间来酝酿大财富。

一个投资者来到股票市场最主要目是来发现并赚取超额利润，而整个股票市场是一群社会生产力集群，所以价值投资者必须用跟踪并配置社会最优资源和最优团队的方式来跟上社会最先进生产力的发展速度。同时，深度价值投资者还应该把精力专注地用在一处，而不是接受太多无用的繁杂信息。深度价值投资者并不需要买下整个经济环境，也不是整个大盘指数，更不是买那些平庸和落后的企业。我们只关心国民经济发展中举足轻重的行业和企业。

因为组合的资金配置，大方向上代表了整个社会资源配置方向，为的是调动资源促进生产力向前发展。所以，我们组合里选择的个股应该都是行业里最优秀的、地位突出的、生产生活必需品的龙头公司。跟上时代的步伐，选择最优秀公司股权，只有这样，才算是最有效的组合配置。作为深度价值投资者，我们还主张选股配置的组合里至少应该有 70%为高息股。因此，具有以上特点的个股经过我们严格筛选才可能进入股票池进行估值性价比跟踪。

有些价值投资者只知道按照财务数据指标量化排队寻找标的，我认为其实各行业无法按照市盈率、市净率等指标对比估值。深度价值投资者应该结合行业特点、净资产收益率情况，定性分析企业，灵活设定合理价值估值线，而且最好在配置上稍微注意均衡和覆盖面。

三、构筑价值投资的"金钟罩和铁布衫"

投资中我们一定要管住手，管住心，其实就是管住自己的情绪。另外，还需要在敢出手的时候出手，在持股遭遇"暗黑"的时候不断增加股数。如果该贪婪的时候恐慌，好机会很容易稍纵即逝。

第四章 行：深度价值投资攻略

我们必须练就"金钟罩和铁布衫"的硬功夫，屏蔽大多数市场噪声，坚持自己的原则，不在大跌后抱怨悲叹，不在大涨后忘乎所以。无论做何种风格的投资，我们都希望在稳健基础上获得长期满意的复利，市场上能长期持续赚大钱的人是极少数的，因此我们必须保留较高层次的投资气质，才有可能利用股票投资完成自己的资产增值过程。

另外，想要组合的抗击打能力强，除了认真选股站队和保持心态平和之外，组合长期保留适当比例的现金也很重要。巴菲特说的"现金就像氧气"：在市场待时间长了，我们就会发现投资机会有的是，可现金却总是很奇缺。大部分时候，把现金比作氧气毫不为过，有它的时候可能毫不在意，没有的时候却常常会令人窒息！所以这是我们组合的一个重要组成部分。

构建组合主要目的是对小概率足以致命的风险予以防范或化解。假设出现系统性危机或个股"黑天鹅事件"，我们建立的组合可能会有部分进入困境，而且一旦整体经济复苏遭遇困难，将价值恢复的时间拖长，即便当初我们买的时候低估不少，但几年内也可能组合整体收益浮亏，严重拖累我们长期复利水平。我们该怎么办？

（1）学会控制。根据整体估值水平掌握权益类资产的度，做一下控制并留些现金总不是坏事。

（2）要精益求精。一定要精选股，只选择行业第一或唯一，尽可能不选二、三线股。

（3）欢迎大跌熊市，努力增加股数。必须明白组合并不是在某一时间一蹴而就建成的，而是耐心等待个股的下跌，在"暗黑"时候逐步完成构建的。

最重要的是敢于在这种"暗黑"艰难时候，不断用外部现金流追加买入更多优质股，增加股数是资产飞速增值的重要手段。

正确理财其实不难，难的是如何调整自己的心态。管理心态最好的方法就是给自己订好投资规矩，用以复盘自己的日常投资行为。巴菲特的成功并不在于他精明的预测，而仅仅是他遵守了"在别人贪婪的时候恐惧，在别人恐惧的时候贪婪"这一投资理念。他比较完美地控制了个人的情绪波动和规避了人性弱点。在具体投资措施上，其中极为重要的就是他在市场发展的各个时期，不断对自己的组合进行调整和完善，使得组合最适应自己的价值投资原则。

真实的巴菲特骨子里是格雷厄姆式价值投资，并且谙熟后者的资金管理之道。如果对巴菲特不断研究，我们会发现：巴菲特很多时候在风险来临之际，都能将高风险的股票仓降低到 60%，甚至 40%之下，加上自己控股的保险公司的浮存金，他拥有充足的现金储备。这样，他能抓住任何时候出现的较好投资机会。这才是逆市而上的巴菲特资产配置之道。

为了能找到适合自己的价值组合，投资者应该非常了解自己面对浮亏的最大承受力。我将投资者分为三类。

第一类超级保守投资者，包括绝大部分白领、闲钱的业余投资者，预期最大承受浮亏为10%左右，可采用股票对比货币基金的2∶8的仓位比例。

第二类是普通投资者，预期可承受市值最大浮亏为20%左右，可采用股票对比货币基金的5∶5的仓位比例。

第三类激进型投资者，可承受市值最大浮动亏损为50%以上，可采用股票对比货币基金的8∶2的仓位比例。

通过对不同投资者的承受能力归类，我们寻求在控制权益类投资比例的基础上进行组合投资，如果选择组合需要偏向于稳健型成长的时候，可以在组合中适当调整现金、高息大蓝筹和一些小市值成长股的比例来取得令自己满意的预期收益效果。股票对比货币基金的比例是根据自身条件而定的，定好以后可以采取定期平衡的办法，比如每周、每月、每季度或每半年做一次比例平衡。

这样的话，选股构成组合之后，我们就可以采用被动管理的方式，减少人为干预，仿佛让自己练就了"金钟罩和铁布衫"的功夫一样，只是依照时间和仓位比例进行被动管理就行了。

四、资金仓位管理的投资内涵

在深度价值投资系统中，投资决策者做资金仓位管理有其重要目的，主要是为了解决物质财富和精神财富两方面的增值问题。

（1）如何在抵御风险、保障安全的基础上，确定性地进行优质股股数的不断增加，从而完成资产的复利累积。

（2）如何让投资变得轻松，进而结余出大量的时间去创造有价值的生活。

以前美国的范·萨普专门做过统计研究，投资回报的决定因素有三个：其中70%取决于投资者心态，20%取决于资金管理，剩下10%取决于投资策略。伟大投资者的七项特质中，最可贵、最重要的一项特质也是心态问题："在投资过程中，大起大落之中却丝毫不改投资思路的能力。"这样看来，资金管理次于投资者心态因素屈居第二位，但是排位第一的心态，其实也有大部分影响因素是基于资金管理的缺失。镇定自若靠的是资金管理恰如其分，好心态是由好的资金布局来维护的，可见资金管理在投资中起着举足轻重的作用。

作为一个普通的投资者，我们用什么方式能让自己的心态变得临危不乱、宠辱不惊呢？是靠最严谨的企业研究加上最保守的估值吗？这些固然都很重要，但最简单的做法却是好的资金管理计划的合理运用，就是以合理的仓位应对投资品种的未知风险。在投资伊始，就要求价值投资者将总收益预期降低，按照大原则进行投资计划安排，保持较舒心的仓位便是最好的选择。因为这是客观现实可依据的一条，无论买什么和以什么价格买，我们都

第四章 行：深度价值投资攻略

不知道最大损失会是多少。但仓位控制的坚持，会让我们知道极限最大损失是多少，大概率最大损失是多少。只有知道了这个，我们才可能充满信心地去投资。

可见，资金管理优劣可以极大地影响投资者的心理情绪，所以资金仓位管理的重要内涵其实是人心的管理，管理的目的是让人彻底依照价值规律来行事，摆脱人为情绪的干扰，提升资产的长期收益。

在明白资金仓位管理的内涵之后，我们在制订投资策略的时候就要注意：第一，组成组合的分子一定具有深度价值，也就是寻找惊人错杀的品种，没有"错杀"就没有超额利润，没有"惊人"，就没有丰厚的超额利润。第二，控制好股票仓位，在稳健基础上获得超额利润，承担风险适度，既敢于重仓确定性的标的，又要在总体仓位上有所控制。第三，要学会独立思考，坚持自己的判断长期不动摇，以保守的预期看待收益，不做短中期业绩的攀比，也不轻信各种信息，不盲动、不冒动，学会逆向投资，不断学习，不断思考和总结。

投资者能否轻松投资和自身的投资寿命有密切关系，巴菲特跳着踢踏舞去上班，这种愉悦的感觉是和他间接做资金仓位管理有关系，尽管他的雄厚资金投资略显集中化，但是老谋深算的他是在"狡兔三窟"：一边捕捉高息优质股的低估机会，一边控制企业现金流，还有一边不断接收保险浮存金的汩汩流入。巴菲特掌握了价值投资的资金管理精髓：保留现金、组合投资、抱持成长、控制企业现金流、跟踪优质股、等待恐慌发生、寻找"惊人错杀"机会等。

明确了资金仓位管理的深刻内涵，我们就很容易制订一系列行之有效的投资策略，尽一切努力达到投资的最高境界：抵御风险，复利累积；享受生活，轻松投资！

五、"动"在画龙点睛之处

我们大多数价值投资者并没有像巴菲特那样有滚滚而来的几乎无成本的现金流入，也无法控股企业，因此我们最好采用依照价值规律"动态长期持有"优质股的方式来获取复利收益。毕竟能够值得超长期拥有的企业很少，尤其是一些强周期企业和一些中小市值的企业，有特别剧烈而明显的周期性和剧烈波动性。所以我们并不去特别限定持有的时间，关键是对其价值估值以及成长确定性的监测和把握。那么，若有确切性的切换能力，适当有所动作，而且都能"动"在画龙点睛之处，也会收到很好的效果，这在彼得·林奇的投资中屡见不鲜。我们如果进行交易必须符合以下两点。

（1）选股的精益求精，选择不轻易更换，坚持长线有厚报，但在特殊情况下，碰到极佳的更换对象，确定性很高，未来收益空间相差巨大，可以做更换考虑。

（2）针对增加股数，如果所持企业被过分高估，确定性能够以价值回归后更低的价格买入更多的股数，可以进行酌情减少仓位，等待价格大幅度回落后捡回。

我提出"不卖之卖，不买之买"的策略，前文有所叙述，简单说就是精益求精地坚持保守投资三要素：严选，即严格筛选优质股；控制，即组合精简控制，适度分散布局；等待，即耐心等待"惊人错杀"的深度价值出现。

长期价值投资理念是各项投资工作的基础，除了在组合建立初始力求精准布局之外，再精明的投资者也不可能透彻知晓未来企业市场发展的具体情况。在布局过程中，随着对企业发展和估值情况了解得更深入，动态管理和调整也是必不可少的工作。

还有一点，组合中的个股价格走势很难做到涨跌同步，由于外部因素或者内部刺激因素，造成有些股票已经失去了深度价值基础，但另一些股票却还在不断下跌到具有更深度买入价值的过程中。因此，在估值和成长确定性进行多方面综合分析对比后，我们完全可以进行精简的动态调整，但必须"动"在画龙点睛之处：估值与成长确定性综合衡量后的优胜劣汰。

动态调整，这和长期理念不矛盾，长期理念选股并不仅仅代表长期持股。所有"动"的依据就是我们所关注的企业价值性价比的优劣程度，这是价值投资之本。从本质上看，深度价值是长期持有具有价值最大化的一个动态组合，我们的"动"是以维护组合估值的深度和健康为基本出发点的,也是为未来潜在利润空间最大化而做出的最优选择。

有人喜欢同行业换仓,有高估换低估,但我认为我们应该只持有同行业中的最优秀公司,如果最优秀的一线企业不低估,就只能等待,而不是去买其他二线、三线品种。

"动"在画龙点睛之处,其实只是一种追求。当然,这里的意思还表明:最好不要频繁乱动,动是有价值基础的,必须有足够的投资经验才可能成行。保持客观、简洁、有逻辑性才能成为画龙点睛之笔,但也不可追求过于细致精巧,价值投资除了科学性,艺术性的成分也比较多,但原则必须坚持,这真需要将它看成一种信念。最后总结一句:价值为本,深度为上,保守潜行!

第十节 看清大方向才有好未来

一、趋势为本的道理

此处起这个标题,或许会招致那些"纯价值投资者"的棒喝,各位读者莫急躁,容我细细分析。

世界上很多投资者崇拜巴菲特的投资理论,是因为他用自己风格的"价值投资"理论,打造了自己熠熠生辉的人生,围绕在他身边有耀眼的光环。巴菲特正确的投资理念是自我秉性的体现。

很多失败的效仿者，虽然精准树立了最好的榜样，但没有彻底完善自我的"秉性"，也就是说没有在性格上脱胎换骨，在价值投资路上还是难以获取最大成功的，一路上总会觉得困难重重，最终投资业绩并不尽如人意。

我们要明白，价值投资能成功的根本就是对顺势而为的深刻理解和运用。这里的趋势并不是股价走势的趋势，也不是经济、政策走势的趋势，而是人类发展的大趋势。因为世界上的众多优质企业，只有在不断满足了人们日益增长的物质和精神文化需求的基础上，自身才能够得以长期持续和稳定发展，这就是一种大趋势。

所以不管是做投资还是在其他行业的创业、就业、成长，想要有所成就，我们就要成为最优秀的人，不然我们必须学会跟上最优秀的企业，跟对最优秀的人。因为只有这样才是符合大趋势的做法，才最有可能领先于他人获得竞争优势。比如，好企业的不断成长，估值会不断提升，虽然股票价格受市场因素短期影响可能不断上下波动，但这种市场价格短期波动的趋势是小趋势，只要大趋势没变化，受短期因素影响的小趋势早晚会走到符合大趋势的"光明大道"上来。价值投资理论的重要依据是价格围绕价值上下波动，也就是说有种上涨趋势的开端必定是由于价格严重向下偏离了价值产生背离后被价值牵引，从而打开的向上趋势空间。同理，一旦价格向上过度偏离价值，可能向下的趋势就要开启。因此，我们选股要跟好大趋势，策略上逆向"小趋势"，挖掘具有符合大趋势发展的且具有深度价值的优质企业进行价值投资。

成长也是如此，我们研究成长股本质上是在探索研究：如何让人类拥有一种更好的、更便捷的、更科学的、更有品位的生存发展方式。投资起着重新构建配置资产的作用。举个例子，诺基亚手机逐步被苹果智能手机替代的背后是两个企业市值的一缩一扩，是社会投资资金的配置从老式的非智能生活状态到新式的智能状态的改变，资本的迁移代表着人们生活方式的改变和提升。

但是不是每一场大的资金配置都符合人类发展趋势，或者不是完全合拍，有的是渺茫的迁移，有的是超前的迁移，有的干脆是荒唐的迁移。价值投资者便是在正确的、大的人类发展趋势的指引下进行市场的错误发现，有纠错的功能。

而在股票市场上，在成长跟随和价值纠错双重作用下，我们可能找到一个长期处于上涨趋势的企业，可能会给我们带来几倍甚至十几倍投资收益的股票，这就是我们梦寐以求的，这要依靠我们认清社会发展大趋势，然后逆向小趋势获得深度价值的买入价后，逐步得到市场认可和业绩释放双重效应，使得投资业绩在几层作用力下得到飞升（戴维斯双击）。

作为价值投资者，以社会发展大趋势为本有重要意义。

（1）社会发展趋势不会被短期的经济走势、政策走向左右，它是人类发展的必由之路。只要我们发现了社会进步的必由之路，在进行选股或在持股信心上就会更足，分析也会更客观。

（2）对价值和成长的判断只是在认识大趋势前提下的一种投资手段。在充满信心地估算未来现金流几何的时候，前提假设是企业永续经营，而且企业能否健康地持续经营，取决于企业如何适应社会发展的步伐。

为此，在投资伊始，我们首先应当清醒地认识身处的世界在未来有可能出现的发展趋势，这种趋势一定是人类进步的推动力。在贴近大趋势选择投资方向后，选择好主攻的标的，投资就基本上做对一半了，另一半需要我们耐心跟踪这些选好的标的，寻找一个比较有深度的介入价格。

二、掌握大价值周期方能留住利润

我们都知道，某只股票能涨多少和自己真正有把握留存多少利润并不能直接画等号，因为我们很难找到哪怕是一个大阶段的最低点和最高点。我们能完全躲过下跌部分，而只留下上涨阶段收益，也是痴心妄想。那么，我们如何能尽可能多地留住上涨收益，同时也尽可能多地减少下跌的损失呢？

越是短期涨幅相当猛烈的牛市，越不易留住更多利润。比如2005—2007年的6倍波澜壮阔的涨幅，在短短的2～3年就完成，但有很多人空手而归。因为这种价值恢复速度，产生的泡沫比较大，很难把握如何收获利润的点。但如果是同样6倍涨幅在6～10

年,且分几个价值周期完成,经过标准低估到高估的过程,那对于正统的价值投资者把握起来就不是很难了。如果碰上一些热点概念的炒作,极具诱惑力,短期看涨幅可观、收益惊人,按照估值来衡量都似乎都已经失效。因为暴涨极易冲晕人的头脑,而且来无影去无踪,所以不见得能让参与者留存多少收益。在没有基本面支撑情况下的大涨,账面的利润回吐的速度也一定是很快的!

所以,我们必须深入地研究价值周期的运行规律,不打没有把握的仗。我们先翻看历史,从整体市场来看,历史估值低点是和指数点位低点相重合的,在1994—2013年的20年间,无非就是两大段和一小段上升,其中1994—2001年,上证指数从325点到2245点,然后是几年熊市。接下来在2005—2007年,上证指数从998点到6124点,到2008年的上证指数跌到1664点的历史低点。虽然经过2014—2015年的杠杆牛市,但远不是整体市场的爆发性大牛市,很多大蓝筹或白马股并未有泡沫集聚的现象,因此按照过往指数涨6倍,市场平均估值出现泡沫的要求,还需要耐心等待。

每一场"鲤鱼跳龙门"的牛熊市转换是七八年一个周期,中间偶有缩短或拉长时间的情况实属正常。

根据历史经验,我从1996年开始,真正遇到的整体市场估值泡沫顶部其实只有两个:2001年和2007年,真正遇到的整体估值底部也只有两个:2005年和2008年。所以不管是向上还是向下的

"过激"机会，都不是那么容易出现的，需要毅力耐心等待。好在这么多年头里，大约2~3年就能遇到个股偶然出现深度价值的情况，可以供我们部分布局仓位。

如果我们有深度价值投资理念，以大价值的长周期为操作依据，不用预测未来走势就可以在不知不觉中契合指数的大周期涨跌运行过程。按照"深度价值，持股守息；等待过激，三步取利"的基本原则，我们就会与过去为数不多的行业龙头股相伴。市场不过激时，我们可以安静守息，市场一旦出现向上过激，就是我们不断分批减仓的开始。

这么看，市场短期的涨幅多少并不重要，重要的是什么样的涨幅能易于把握，因此我们最好是选择永续性成长的大消费企业，能真正留住利润的策略才是真正的复利累积手段。永续性成长的企业可以给予我们充分的持有时间和决策余地，因此即便是傻傻地长期不动，也会获得最佳的成长收益。弱周期的消费医药股，给人们减少决策、减少判断提供了趋势性的科学依据。但奇怪的是，从来没有持股习惯的短期投资者却紧紧盯住涨幅数倍的牛股，艳羡数倍收益的人却从不肯接受一点点波折。

三、价值趋势与价格趋势的取舍

价值投资是投资中的光明大道，但并不是它就能保证任何情况下不会遭遇浮亏。我们所讲的"保住本金"，是指本金不会遭受永久性损失，资产能在一定复利下得到长年不断地增值。

即便我们经过仔细认真研究，发现支持股价长期上涨的逻辑清晰，也有可能因为市场整体萎靡而导致股价短期遭受打压。所以，我们可以看到在漫长熊市中，忍受煎熬的价值投资好手多得是，这不足为奇。因为价值投资者并不是顺应市场价格趋势做投资的那一波人。价值投资者一定是提前于价格趋势交易的人，而且价值投资者认为，价格趋势只能是后知后觉。因为由于市场弥漫的恐慌和经济的下行压力使得股价不断下跌，才让我们见到一些可贵的价值投资机会。但大众这种习惯性的低落不会在短期内消除，并且还有可能遇到风吹草动而进一步加快恐慌抛售。因此我们在这种市场环境下即便发现了价值，股价大概率上也不会在自己一经买入后就立马反转向上，并且下跌到何时何地也是我们无法预测的。

总有人问："为什么买入不把技术投资和价值投资统一呢？"经过多年思索研究，我发现这种全面"结合统一"的策略是不现实的。价值投资是买入价格严重低于内在价值的企业股票，从第一笔买入开始就认定了企业价格到达了内在价值线以下。这样的话，越跌就应该是越有价值。而技术投资者必须看到股价有所回升后，并判断趋势条件形成再行买入。其实，这就意味着价格趋势者并不认为买入低于企业内在价值的价格是最靠谱的投资。价格趋势投资者认为，只有上升趋势形成才是最安全的买入时机。

因此，两者就会在何时买入的问题上，出现巨大分歧。

为什么很多价值投资者只认企业基本面的价值而不问价格趋势呢？首先价格趋势的认定很难，如果仅是市场均线趋势，它并不包含企业的复杂信息和价值变化。经常有趋势走得比较完美时，遭遇突发消息或系统原因，价格出现崩溃下滑的情况。另外有的时候完美的趋势根本不能反映出基本面或估值上的巨大风险，而这种风险一旦爆发，其毁坏性会令我们猝不及防。但我们通过基本面分析和定性选股，总能找到未来存在巨大隐患企业的一些蛛丝马迹。

所以，我们看到短期价格趋势只是看到了过去走势，而未来企业经营风险却无法回避。只有经过人类社会反复验证后形成常识或规律的大趋势，才是概率上能成功被我们生产、生活、投资所利用和服务。一旦我们痴迷于短期形成的惯性思维，以为是亘古不变的趋势，就会不论风险大小，脱离企业基本面而顶着巨大风险寻找趋势机会。比如，对于几年内的短期经济走向更难把握：一旦我们看到经济趋势向好后，市场价格很多都已经反应，有些还会反应过度了；一旦经济趋势反反复复，在投资者失去价值标尺的情况下，很容易将投资陷入泥沼，影响若干年的复利收益水平。

我们思考一下，贵州茅台从 2004 年左右几百亿元市值，到 2022 年 6 月的 2.3 万亿元市值，我们看到了哪种技术分析和 K 线趋势预测方法能够支持收获数十倍甚至上百倍收益？穿透牛熊市的好企业出现长期巨大涨幅，一定是企业基本面带来的，并不是什么技术分析能够预测到的！

因此，我们按照客观规律去认真研究企业的内在价值，才是最客观有效的投资策略，"价值为本，保守为魂"，可以抵御大部分长期投资风险。只有在危机中，在大众失去理性的恐慌中，我们才能得到与现实价值极为不符的低价格，要珍惜顶级优质企业的"暗黑"时刻。这样，我们才能获得很舒服的买入机会，同时期等经济和市场周期的轮转，在经济复苏到高涨时候，利用人们无限热情来获得对股价高过于实际价值部分的丰厚利润。

四、价值投资者如何看待"波段"

所谓的"波段"，其实根本不是投资策略的源动力，更不是一种事先拟定好的决策方法。波段只是一个事后回看的交易结果，"根据某某策略，交易完成，从某个价格到某个价格做了一个波段"。因此，它并不会构成交易的重要逻辑依据。

价值投资的主要行动基于价值吸引力的强弱，价值必然蕴含着企业的生存成长和发展。选择最优质的企业，跟踪等到大致合理的价格不断买入就可以，然后持股等待跟随企业一起成长，直到出现过分高估，透支未来成长，在泡沫严重的情况就可以卖出。这个买入到卖出的时间长短取决于企业价值性价比的高低，取决于企业发展前景，整个过程所需的时间并不是很确定，也根本不

第四章 行：深度价值投资攻略

重要！当然，我最喜欢买入的是那些几乎不需要卖出的永续性成长的最佳标的。

正如巴菲特所讲的"大众恐慌时买入，大众贪婪时卖出"。这其实是和市场整体估值有关的一种表述，至于大家理解为一个长期波段也好，一个坚守价值回升至泡沫的过程也罢。任何投资大多也总会有始有终，巴菲特也总有季度调仓的时候，但若是价值投资，就不能丢弃价值评估而单论"波段"。

有些人或许会说："这就是做了一次基本面的波段操作。"波段只是表象，实质上主导交易的还是基本面研究下的估值变化。假设基本面永续成长，股价永远上涨但速度始终和成长配合，始终不出现过分高估，那么这只股票可能就是一直被持有的状态。我提出的"不买之买，不卖之卖"的策略，主要想让投资者记住，交易不是一件很容易的事情。投资者一旦心中存在毫无理由的"波段交易"思想，就会想去利用一切信息去捕捉短期的高低点，从而干扰了自己的长期思维。

所以，对于毫无理由的波段操作，最后很有可能被情绪占据主导。反过来说，其实我们并不愿意企业成长中断，也不愿意股价被过分高估，但是没办法，性价比明显不配合时，根据价值规律，价值投资者就要选择卖出交易，除非基本面和股价二者永远同步起落。

不光是波段论，干扰价值投资的似是而非的投资想法还有很多。很多时候需要我们拨开迷雾，仅紧紧地把握好最简单的价值投资原理即可。我们学习思考的整个投资过程，就是如何去繁就简地坚持最有效的投资方式和投资策略。

在价值标尺衡量下的投资，严格意义上说结果可能都是波段，这没什么奇怪的，比如人生便是一场八九十年的波段。经常有朋友问我："做价值投资是高抛低吸，还是长期持有？"以下是我的思考。

（1）价值投资者看投资的关键是价值，而不是先入为主地考虑持有时间长短。时间长短只是附着在价值变化上的一个结果。也就是说，没有价值深度，无从谈起高和低，长持还是短持。既然谈到价值深度，就要分析安全边际。

（2）如果离价值投资思维太远，出现很多莫名其妙的问题，请及时回归到安全边际。这里我们要注意安全边际中的最大安全并不是一系列量化的财务数值，不是简单的静态估值水平，最大的安全是企业基本面特征，是作为生命体的生命活力，也就是长期的成长能力。

我们拿着价值标尺做大的价值周期过激交易，似乎就是一个大波段操作，但波段从来不是交易的本源，只是交易最后的结果呈现出的一种现象，最后一买一卖总会呈现出似乎是波段或网格的视觉效应。但我认为交易的实质是为了获得稳定的不断增加扩充的现金流，其本质来源是企业经营，这个市场只是投资者以什么样的价格获得或放弃这种股份权利的一个渠道。因此，我们选好能不断扩大现金流的最优秀企业，然后等待市场"错杀"后获取部分股份权利，在我看来应该是最佳选择。

在这本书里，在深度价值投资升华阶段，我们更加要求投资者不能满脑子存在什么波段思想，要求大家学会精益求精选股，然后尽全力"一根筋"地持有最优秀企业，这才是投资"逆袭"的最有效途径。

五、投资的气质和品位

我们要做有气质和品位的投资。所谓的气质就是我们要学会说不，对于含糊不清的或者是投机的任何方法学会说不，不去预测行情、预测市场，不去参与短期热闹的市场行为。学会坚守自己的投资原则，寻找最佳的投资方案。我们要习惯与众不同，喜欢特立独行，孤独坚守，对客观真理无尽追求。投资的品位就是一定要拿最好的东西，用最好的办法，寻求最广阔的利润空间。选股上追求最佳的赛道、最好的行业，而且选择行业里的一流企业，基本上是行业的细分冠军或者在行业地位突出的龙头企业。

投资的气质和品位还表现在长期与企业一起成长，把自己看成企业的管理人，同企业一样有着未来发展和经营的野心，并且能够与企业同甘共苦，共谋大业。"与国共荣，与股共融"是我们的目标，有超然的胸怀和长远的战略眼光，也是我们投资气质和品位的一种表现。

因为困扰大家在市场逆境中挺身而出的是对优质企业的跟踪和把握，以及对国家发展的信心和对人类进步的信心。其实如果我们经历得多了，看到市场悲喜转换多了，就能够明白风险是跟价格匹配的。往往在自己看不清楚时，只要遭遇了一定幅度暴跌，认准简单的价值衡量标准，在巨大价值体现时拥有足够的自信，仔细分析，往往发现否极泰来的信息就隐藏在危机中。因为历史无数次证明，所有的大危机拉到长期看，其实蕴藏着巨大收益！

如果我们以战略投资家的角度进入市场，如果我们做有气质和品位的投资，那么"如何抓住显而易见的大机会"这个问题就变得很简单了。但再简单明了和中肯有效的叮嘱，也抵挡不了市场人士那颗从不安分、充满好奇、随风摇摆的心。

一遇到市场低落，周边做股票的朋友向我诉苦的就多了起来。有的人何止是经历苦，可能面临财产的巨大损失。股市有风险，入市需谨慎，这句话什么时候看到，大众就只是对此一笑了之。如果不认真分析股市有什么风险，为什么需要谨慎投资？真正需要用它警醒自己的时候就笑不出来了，就会有"悔之晚矣"的感叹。

不少投资者试图在市场上赚快钱，醉心于找概念、找热点、找黑马，可是即便大家能跟随概念股成功几次，也难以做复利累积。因为我还没见过哪一位投资大师是靠着股市概念热点而连续复利收益增长几十年的。市场热点无非都是人人在追逐的东西，这些反而是价值投资者要回避的。因此，我们来到股票市场首先要明白，作为普通投资者，成功地累积财富，应该是如何赚到钱的。股市中的钱，除了用非法手段获取或那些极其幸运者之外，大多数的钱是"等来"的，是靠时间的煎熬和耐心守候赚来的。

没有长期的投资信仰和追求是不会在股市上有大成就的，价值投资的成功秘诀就是简单思路：轻视市场价格波动，买入持有后与企业一起战斗，做到"手中有股，心中无股"！

第五章

顺：理顺系统、心态和周边环境

第一节　理顺系统

一、价值投资系统的基石：取舍有道

投资成功的关键是不要被某一段时间的极端走势所迷惑，做出错误总结。因为整个市场上聪明的人很多，但是即便是这些人，获得长期满意复利收益也异常艰难。这就是因为市场短期的过激走势，会加深我们的错觉。特别关注市场波动，会让我们因为陷在其中，在每个时段得出不一样的经验总结。其实回顾自己整个投资经历来看，每一段时间的错误总结都是那么引人发笑，但是身在其中又觉得自己获得了投资制胜的法宝和真理。

因为投资市场行情与事件结果都会受到偶然因素和必然因素的影响，我们看到不管在多么宏伟的牛市还是多么悲惨的熊市，总有一些企业倔强地不断穿越牛熊市，进行市值成长。同时，也有一些曾经轰轰烈烈的企业股价被打回原形。是什么原因让一些企业变得如恒星一般璀璨，而一些企业变得像流星一样一闪而过呢？

比如，抱团股上涨猛烈时，大家总结就要拥抱优质企业的泡沫，就要和"抱团股取暖"。选股非常重要，但是尊重估值也是非常重要的，竟然有人提出买就买高估值的。但等到抱团股瓦解的

第五章 顺：理顺系统、心态和周边环境

时候，大家又因为短期的下跌而得出另外偏激的经验总结。

市场上聪明人和聪明的建议总是有不少，究竟谁对谁错呢？多回顾回顾历史，想想1929年的股灾，想想每次泡沫破灭之后的一地鸡毛，想想"漂亮50"的常年沉寂。拉长时间看，暴跌之后有哪些企业又不断继续创出了历史新高？什么行业能够经受住牛熊市的洗礼？多思考一下，我们就知道该坚持的一定要坚持，该取舍的一定要做出取舍，不要被某一段时间的错误总结所迷惑，做到取舍有道，渐进而为。我们要紧跟企业成长的发展线索，定期做出客观的评价和合理的预判。

要做好投资，投资计划中"防备之心"不可无。得意的时候，人们根本不知道什么叫作教训。1929年经济大萧条之前，90%的人对市场还都有非常美好的憧憬，反而越是在泡沫破灭前夕，越是充满了欢声笑语，令人心潮澎湃、激情荡漾。谁也不知道压死骆驼的最后一颗稻草在什么时候会出现，因此我们在交易策略中提出一个渐进交易策略。即便这样，打开历史长期走势一看，发现这么大的崩盘竟然也是个小坑！那么，很多人纠结是该一直持有忽略股灾，还是做预防措施？所以说，投资是一门艺术，是动态的权衡考量，但其核心思想是必须不断稳定获取复利收益。身在市场，防备之心不可无，赚到赚不到其实是次要的，重点是不要被突如其来的灾难击垮，也就是说：重点是活下来。

在活下来的基础上，我们再去思考能不能拥有更多的最优秀

企业的股票，如何才能有把握地大概率地不断增加好企业的股数。在处理问题上不要极端，巴菲特在每个季度都有仓位变动，能长持的长持，不能长持的就换，对性价严格把握就行了。关键是要寻找能穿透牛熊市的持续成长的行业和企业，股灾之后一定会恢复，那些不可替代的产品和制造产品的企业一定会再次雄起，这是必然。

在2021年年初的时候，我曾说过："无论资金如何汹涌澎湃，也应有涨潮落潮，要正视这些潮涨潮落的发生。看看几个数字，2015年杠杆牛市上证A股总成交量为132万亿元，2020年，为83.7万亿元，2021年1月为7.5万亿元，不知道2020年开始的这次货币大宽松能放出多少货币流量，但树不能长到天上去，如果今年1～3月超过30万亿元就应值得警惕。"

2021年年初我在公众号"深度价值投资圈"里的市场价值温度播报中表达过，当时的温度已经达到60℃的过热水平，市场局部的泡沫已然形成。我们要根据自己对泡沫的"喜欢程度"来控制仓位，虽然不至于大幅度减少仓位，至少我们在这种"热度"之下不会进行追加买入。这也是根据对必然性因素分析的结果，我们不追求短期"趁热打铁"的收益，既然市场已经很热闹，此时就是我们适当减少或作壁上观的时候了。

虽然做价值投资也有取舍，也有交易，但是长线获胜是不争的主旋律。我们买股票一定要有这样的盈利准备："明天，做大概率不会赚钱的准备；明年，也许可以慢慢开始做赚钱的准备；但是在 10 年内，要做有确定性赚大钱的可能。"总之，我们要学会收益的延迟满足，舍弃短中期的利益诉求，"放养"自己的股票。比如，积极储备分红现金和市场之外的闲余资金，多攒股数，或是等待持股的过激变化，利用确定性上下过激来增加股数。放养的精挑细选持有顶级优质股，不理会市场波动，顺其自然超长线持有，让企业自己把自己的账户市值"滚雪球"般长大，这是核心思想。但是不排除市场在向上过激的时候，进行适当变现，然后我们的任务就是在有可能出现更低的位置点买入更多的股数。

放养还有一层意思：这种上过激的情况出现的时间难以确定，有可能是罕见的事情，也有可能一两年就会重复出现，但我们不要放弃核心思想，应该顺其自然对待股票池里的股票，顺企业之发展来赚钱，最好是少参与短中期市场价格波动的操作。有人说会卖是师傅，也许投资中长期不卖更是大神。但如果进行交易，一定是自己看到了交易的必要性，一定是自己事先列的规则里面有的交易条件被满足。总之，聪明的投资者：取舍有道！

二、理顺系统：如何面对估值

估值几乎是所有价值投资者回避不了的事，不懂估值好像就成了价值投资的门外汉。但是，我们最好首先了解一下估值的目的和重要性，也许它并不像大家想得那样"高大上"，它的重要性可能排不上价值投资所需掌握技能的前两位。选股就是要寻找未来能够持续成长的好行业中的龙头企业，如果轻易给它们做估值的话，拉长时间看可能会贻笑大方。比如，谁能在贵州茅台几百亿元市值的时候确定其未来能够成长为 2 万亿元市值的"庞然大物"？但我们如何能完全收获这数十倍的涨幅呢？是靠估值吗？严格来说，其中是有估值成分，需要给估值划分了能量级，这些几乎是拥有无限增长的消费需求且长期保持旺盛的企业，我叫它无限极能量企业。

从我 20 多年接触的投资者来看，有很多已经走在价值投资路上的人其实是不知不觉走入的，这与他们入市所秉承的个人信条有关：只买自己了解的最优质企业！虽然他们的长期复利收益水平有高有低，但所有成功的价值投资无非是首先做对了这一点："选择正确"！他们都选择了未来长期具备巨大价值潜力的好企业，虽然其中有一大批人没有对企业估过值，或根本不懂估值。我发现包括我自己在内的通过价值投资获得巨大收益的人，除了选股正确外，做对的第二点就是：耐心持有过较长时段。

我个人投资中很少对自己重仓的企业做过准确的估值，而每逢自作主张估值的时候，总是把大牛股"卖飞"的时候。

有些朋友说，只是需要动态估值就可以了，对比 2007 年大多数企业估值都有所高估，但是经过 15 年的发展，这些优秀的企业市值又扩大了数倍，这就是企业成长的魅力，这也就是不要轻易给最优秀企业估值的原因。即便是动态的估值，也有可能距离事实相差甚远，从而影响持股稳定性。既然最好的资产是优质企业的股权，那么在不是特别确定的情况下，我们坚持持有优质企业股票，终究还是一种上乘的选择（见表5-1）。

表5-1 贵州茅台上市以来的市值和静态估值变化

时间（年）	年终总股本（亿股）	年收盘股价（元）（除权）	总市值（亿元）	每股收益（元）	市盈率
2001	2.5	38.55	96.38	1.59	24.25
2002	2.75	25.46	70.02	1.37	18.58
2003	3.02	25.40	76.71	1.94	13.09
2004	3.93	36.64	144.00	2.09	17.53
2005	4.72	45.62	215.33	2.37	19.25
2006	9.44	87.83	829.12	1.64	53.55
2007	9.44	230.00	2171.20	3.00	76.67
2008	9.44	108.70	1026.13	4.03	26.97
2009	9.44	169.82	1603.10	4.57	37.16
2010	9.44	183.92	1736.20	4.37	37.77
2011	10.38	193.30	2006.45	8.44	22.90
2012	10.38	209.02	2169.63	12.82	16.30
2013	10.38	128.38	1332.58	13.25	9.69
2014	11.42	189.62	2165.46	12.22	15.52
2015	12.56	218.19	2740.47	12.34	17.68
2016	12.56	334.15	4196.92	13.31	25.11
2017	12.56	697.49	8760.47	21.56	32.35
2018	12.56	590.01	7410.53	28.02	21.06
2019	12.56	1183.00	14858.48	32.8	36.07
2020	12.56	1998.00	25094.88	37.17	53.75
2021	12.56	2050.00	25748.00	41.766	49.08

我们看数据，在优质企业所谓的高估时段，我们要小心的无非是股价出现"回撤"的可能，但是如果我们不能穿透未来看企业长远发展，把企业做成一个估值阶段的波段操作，就很难获得"伟大企业"的长期丰厚的成长利润。做一个几年的"掐头去尾"的估值评判，不如老老实实持有最好的企业，再利用股息分红等积累的现金流，在出现"暗黑"的时候追加股数。

究其本质，投资估值是为了寻找安全边际，是为了更好地累积复利收益。安全边际的重要含义是安全，对企业来说就是能够持续安全地生存发展，在这个基础上对其内在价值的具体数值的估算反而是次要的。因为我们只要判断出"企业能够持续生存和发展"，有了这层安全垫，就能靠时间解决短中期估值高低的问题。

对于持有的优秀企业当前的静态估值过高该如何处理？我的答案是：艺术处理！因为卖出高估的目的，是预判了大概率市场价格会进行一个较长时期的回调以修复估值，那么有利于我们再次于低位买入更多股数。这才是价值投资者卖出的要求，而不是要离开最优，去选择低估的次品。当然也有买不回来的可能，所以交易一定要谨慎，一定要做分批处理，这就是我在《静水流深》里讲的"过激交易"，上过激分批卖出容易，等到下过激买入也许没那么容易。

另外，如果因为感觉高估而卖出，下一次的买入一定还要在自己观察的一流企业中选择。一旦资金流到二、三流企业中去，

第五章 顺：理顺系统、心态和周边环境

短期看似有些收益，长期来看，对复利是有折损的。这里的"高估"是指投资者综合判断企业的性价比，觉得当前的价格市盈率有些过高了，但其实估值不那么简单，估值还要对未来做细致的分析研究。

对于"高估"的判断与处理千万不能绝对化，要牢记："买的是最佳行业中的最优秀企业，很难再有替代品。而且企业成长不是匀速的，每年的速度是我们无法预测的，也许就在自己卖出不久，企业就会出现一轮轮爆发式成长，将此前以为的高估值给削平。"

2004年我第一次买贵州茅台的时候，它的价格是40多元，总股本是3.9亿股，总市值为160多亿元，如果按照其2021年的524.6亿元的利润，除以当年的3.9亿股，折合当年的每股收益大约是134.5元，动态市盈率大致是0.3倍，而我们看到的是2004年20多倍市盈率。思考一下：我们靠什么能畅想17年后，稳定持有不断追加股数呢？

2007年贵州茅台的股价在200元的时候是接近70倍市盈率，如果能穿透2021年知道将有524.6亿元利润，相当于2007年55元的每股收益，2007年当大家以为地高估得不得了的时候，股价200元、每股收益55元对应的是3.59倍市盈率。再思考一下：在这样的前途之下，争先恐后地认为高估而离开，是否能在未来的下跌中全部捡回来？

可见我们平时所关注的静态市盈率，或者虽然是动态市盈率，但也就在狭小的一两天范围内，是多么不靠谱。尤其是针对这些最优质企业，我们稍微溜号的交易就有可能"葬送"大好的收益前程。

估值本身只是一个模糊的概念，如果还局限于很短时期内，这些好行业里的龙头企业，随着时间不断成长，以至于尽力地去估值都赶不上其成长的脚步。我们只需要研究估值的能量级就行了。

（1）第一级是无限极，比如消费和医药的行业龙头。

（2）第二级是个位倍数级别，比如其他行业的龙头，有潜质的企业等，因为有成长天花板，长期来看只能有几倍涨幅的可能。

（3）第三级是几乎没有成长或缓慢成长类，是一些几乎长期来看成长很缓慢的或者没有成长的企业，二、三流的周期或衰落型企业。

有了级别划分，投资选股就简单了，我们只针对第一级的企业进行超长期的持有就可以了。面对短期的静态高估，我们就总结出处理优质企业高估的三大原则。

（1）出现过激高估，有大概率能至少下跌30%的把握，能买回来才卖出，不然只要选择正确，就安静守候。

（2）若已经卖出，再次买入也别离开最佳行业中的最好企业。

（3）暗黑加仓，心态平和分批进行。

第五章　顺：理顺系统、心态和周边环境

第二节　理顺心态

一、好心态的基础是对优质企业的信任

理顺心态重要的是解决"认知"。首先我们需要认可价值投资，其次必须深刻理解价值投资的全部内容和本质规律，从普通大众的基础知识到能够适应深度价值投资的高级"知识"。在认知解决的前提下，开始修"行"，最终知行合一实现长线投资的巨大成功。

因此，揭开市场诸多问题的面纱，能用深度价值投资的知识进行合理的逻辑阐释，这是理顺心态的基础。比如，有人错误地以为"正常的股市应该让大多数散户赚钱。"我们看是谁在阻止散户赚钱？优质企业长期来说基本都走在大上升通道内，但是市场绝大多数人都在"短炒"，尤其是在某个短期高点上，总是会聚集最大的成交量，短线追涨杀跌的人们把人性弱点暴露得淋漓尽致。所以，长期亏钱的人归根结底是亏在了"情绪和人性"。

如何能让大多数人保持情绪平和而避免人性的弱点呢？从历史上看，这是不大可能的！现实是只要进入股票市场不是长期投资的，仅是"炒股"的，就永远只是少数人赚钱。这符合进化论和人类发展的基本原理：物竞天择，适者生存。因此在认真做价值投资的投资者，就是在做少数人才做的事情。如果是做深度价

值投资，那更是极少数人才能做的投资，所以我们永远不要求得大众赞同。只有这样，保持自我的投资气质，依靠股票投资"逆袭"才成为可能！

深度价值投资需要降低短期预期，但要增加长期预期。深度价值投资的长期预期的收益空间需要多大？我主张："与其在未来不确定且仅有一倍、两倍的静态价值恢复空间里折腾价值股来做价值投资，不如在一个未来大概率有 10 倍或数十倍以上成长空间的、最有前途的优质企业里去做确定性的深度价值投资。"

怀抱长期投资野心，需要投资者的战略眼光，要同企业站在一个角度上考虑问题。有些企业一个季度或者某一年减少分红，增长投资扩产或收购，很多投资者就发火了，有些投资者对企业几乎任何计划或公告都牢骚满腹。持有期间一直不信任企业，归根结底就是企业股价没有快速上行带来收益。比如 2018 年后的华东医药减少分红投身并购合作，奥瑞金在 2022 年两次发行可转债稳固行业龙头位置，本是企业发展中的大好事，但是很多持有者却不这么认为。

投资的基础是投入信心和信任，企业注重长期的回报，如果买入股票，我们不能投入信心和信任的话，企业长期的成长回报根本与自己无关。因为企业在做长期的价值成长累积，而多数投资者却在做着投机，想一夜暴富，往往信念不够坚定，会被市场波动折磨，无法长期坚守最好的企业。

长期持有是基于企业的长期发展的趋势和企业经营特点决定的，也是因为好的企业成长的周期可能大于人的生命周期，所以我们必须抱有长线持股的态度。面对同样的一家企业，炒股的人和价值投资者的感受是不同的。

我们所讲的深度价值投资，其实质就是：买股票就是买企业，要深度了解企业未来。买企业其实就是凭借对企业的长期信任，而不是预测企业股价短中期的涨跌。对好企业要有"涨跌起伏，但是大方向是不断向上"的预判，这个螺旋式上升的发展历程，在买入之前就已经确定了，就已经有心理准备了。

二、越坚持价值投资越顺手

很多朋友在学习并熟悉了价值投资原则之后，就认为马上即可在股市所向披靡，获得不错稳定复利收益十拿九稳。但是在经过一段时间市场跌宕起伏的考验之后，就发现理论和实际情况有相当大的差距。遇到很多具体的市场状况，还是无法摆脱情绪的干扰，而且对于价值的坚守总到关键时候抱有一种怀疑的态度，因为内心有很多难以解开的疑惑和谜团。

我在名为"佐罗价值投资 800 课"的视频号上做直播时经常和投资者互动，也根据自己早年做价值投资的亲身经历，发现价值投资并不是只有"认"和"知"那么简单，在"行"的道路上，更加艰辛和更加煎熬，因为要把"认知"落实到实践中去，要比弄懂它、理解它难上数千倍！

比如，2021—2022 年核心资产的股票出现了一定的持续下跌，一些极其恐怖的词语就出现了，如"崩溃""瓦解"之类。如果一些投资者没见过这么多年涨了几十倍、百倍的股票，在过去股价的跌宕起伏中，不知道要感叹"崩溃"多少次！涨涨跌跌本是自然，未来的天下依旧是核心资产的天下，未来的成长依然是好赛道的高速成长。当然，估值需要修复，要么以时间换空间，要么以业绩的增长赢得时间，总之好的就是好的。

优质企业未来的成长路途还十分遥远，估值特别离谱的时候，仓位还是需要控制的。价值投资长线持有还是非常漫长的系统工程，所以即便是道理显而易见，最终成功还是属于极少数人的。

在这个市场上，因为价格、业绩、宏观因素产生的波动影响，让普通投资者产生一惊一乍的情绪反应，这是投资大众的正常情绪，所以价值投资者注定是孤独逆行的人。大众欢喜，我们冷静看衰，大众越是兴奋，我们越应该清醒，甚至出现更逆反的悲观看法；同样大众一致看衰，对后市悲观，我们越是兴奋，并且积极不断布局较为低落的价格。明白这个道理，对解决价值投资中的疑惑非常有帮助。

有时候企业基本面已经发生向好转变，但股价总是拖拖拉拉不见起色，这就是因为人们由看衰到一致看多有很长时间的转变过程。而且这种情绪的反复是很多人难以接受的，即便接受，由

第五章 顺：理顺系统、心态和周边环境

于频繁操作，资金已经被其他的所谓"兴奋点"所占有，难以积聚在过去的看衰之地。

越坚持价值投资越容易的重要原因是：投资者学会了做减法！

我不对宏观经济进行过多的评判，因为我只买那些不管宏观经济如何，人们生产生活都离不开的企业，而且经过仔细研究，坚信那些好行业里的优质企业能够穿透牛熊市不断稳健成长。

优秀的管理层也是人们心目中企业的一条护城河，但是企业需要多层次、多方位的护城河保护，才有可能真正构筑坚不可破的自身壁垒。所以我认为企业管理可以形成护城河，但是如果企业单单是在管理上有自己的护城河的话，还不是很牢靠，因为管理模式、制度的向外扩散，以及被效仿的可能性是非常高的，而且如果管理团队离职，更会使优秀的管理文化向外进行快速扩散和蔓延。所以护城河的研究要看企业有无更广泛、更坚实的多重护城河做保障，这样管理护城河才能起到更大的作用。

我个人认为一些非制造行业，如餐饮业、银行业、流通行业等一些服务性行业的护城河不是很容易构筑。而强大的护城河应该来自一些具有品牌效应的制造业，主要是消费品制造业和医药制造业。另外有两点要注意：一是一些企业的突出表现，其实不能认为它就是护城河；二是还有些企业的护城河不能促进企业持续的成长。

研究明白优秀赛道中具有坚固护城河的企业，才是我们投资

坚持和顺手的关键。

有些朋友研究大资金进出和短中期的股价涨跌趋势，企图解开短中期获利的秘密。这种背离企业基本面经营的投资方式，要么就是陷入短期炒作的黑洞里，要么就是因缺乏长期眼光而丧失了最优企业长期成长的丰厚利润。我们要时常反省："研究别人的资金进出，与企业的发展和我们的策略何干？脱离基本面，那是想跟风以及快速致富的人做的事，不是我想做的！"

投资想要顺手和简洁，就要专注企业研究。不问别人谁买谁卖，不跟风，我们只研究企业，因为持有企业的信心来自企业本身未来的发展动力。我们的卖出也是因为企业发展或是估值发生剧烈变化。资金动向以及是否具有热点，这些都不是我们关心的。

价值正道，理解越深，就越喜欢做减法，越做减法就越容易坚持，越坚持越顺手，越顺手就越喜欢安静地抱拙守一。这是一个良性循环，需要几次正反馈，才能让投资者更深刻地认定并坚持。

第三节　理顺环境

一、做个"屏蔽器"

市场震荡，个股大跌，总会有很多朋友问我如何办。我有一个万能的回答法：只要持股是最优秀的，那就"静水流深"四字

第五章 顺：理顺系统、心态和周边环境

诀——持股守息！这是保证投资不出问题，对思想行为约束的"屏蔽器"，它能屏蔽掉一些纷繁复杂、毫无实际功效、极具诱惑的信息事件或所谓策略研判。

比如，2021—2022年双汇发展和华东医药两家企业都出现了"内讧"。其实，"内讧"的基点都是企业处在转型或者升级的重大节点上，内部人都非常艳羡企业的过往成绩，希望在未来转型中能获得更大的益处。这并不是偶然，很多优秀企业都会通过一些矛盾的显露、解决、完善，不断进行自我升级。有利益的地方，就一定会存在各种各样的矛盾和纠葛。尤其顶级优秀企业，连内部人都非常留恋自己企业的过去，那么我们外人呢？

在出现"软伤害"的大跌中，就默默地增加它的股数吧，懂得企业未来价值的深度价值投资者根本来不及恐慌。原则上讲，除非极为高估的过激位置，大多数优质企业的大多数价格位置，从长期角度上看，买入之后都是能获利的。

我在《静水流深》中有一句话："一场牛熊过后，总是安静者收获了躁动者贡献的真金白银。"我爱买恐慌躺赢，你爱躁动卖恐慌"割肉"，买者自负，不可强求。想要自我救赎，树立自己行为的"屏蔽器"。我在本书中，一再强调投资这一行，找到"灯塔"最重要，"灯塔"就是优秀的投资大师或是坚定的价值投资方向。

做深度价值投资有很多"戒律"，就是列出"不为清单"。但我认为价值投资就是长线坚定持有优质企业，平时不断在低迷时

候增加股数。因此有了"可为清单"，其余皆为不为，这就简单了，成了我们最好的"屏蔽器"，它屏蔽掉大多数无用的投资行为和投资思考。2022年开年，我们持股虽然下跌很急、很剧烈，但是我们力争在下跌当中对于估值合理偏低，且处在"暗黑"时候的优质企业进行不断加仓，我们坚信手里重仓股的长期价值，坚信持有优质企业未来的爆发力量。下跌时候，我们唯一的工作就是寻找增加股数的机会。

其实，我们把看市场波动的眼光稍稍移开，去紧盯企业财报和企业未来的发展计划，心态就可能平和许多。在投资市场上，有多大的承载量就能有多大的利润承接度，玻璃心永远无法承载更多的利润。墙头草和顺风倒看似机动灵活，其实经常捡了芝麻，丢了西瓜。

有时候涨起来的恐慌可能比下跌的恐慌要大数倍以上。因为多数人可以承受百分之四五十的下跌损失，但是却无法承受哪怕是百分之十的上涨利润，更不用说什么十倍股。

我们的策略就是：建立自己坚强的"屏蔽器"，抛弃玻璃心，人弃我取，默默潜伏！

二、忘掉账户市值波动，紧盯企业的发展野心

有朋友问我："如何解决长期复利后积累了一定的资产，但说不定什么时候来个意外事件，导致多年的积累化为乌有的问题？"

第五章 顺：理顺系统、心态和周边环境

长期看，企业不断成长、市值不断扩大，这是企业基本面原因造成的。比如茅台从上市之初到如今上涨百倍，中间也有数次大跌，也曾经跌下去 50%之多。除非自己买入的企业退市和选择末流企业，多年累积化为乌有的情况十分罕见。我们的信心是建立在一系列的"必然"上的。

（1）人类社会发展必然前行。

（2）一些与人类相关性很高的行业必然持续发展，国家昌盛、行业繁荣，行业龙头有护城河，企业发展必然会不断受益而持续成长前行。

短期的资产市值随着短期市场价格波动起起伏伏是很正常的，即便如此，我们也不要将短期波动与长期消亡的风险混为一谈。

要认真体会"世界上最好的资产只有股票和现金"这句话，对于意外突发事件的毁灭性打击，无外乎最严重的是地球毁灭，不然人类生产生活还要继续，当前世界上维持人类生活需要的企业经营还要继续。当我们持有整个国家最优秀企业的时候，就明白什么是最安全、最幸福的事情。

利润不会轻易奖赏给谁。没耐心的人，没有对企业有充分信心的人，涨也留不住，不涨反而很踏实。回过头看历史上的多数十倍牛股，大多数人都沾染过，但是大多数人也就是一个利润的过客，还有很多人竟然在煎熬中"割肉"离开。

丰厚的利润到底能奖励给谁呢？一定是买入前就准备耐心持有的人，最关键的就是前文所述的两个字：信任。对企业的未来有充分信任的人，才能获得丰厚的利润。

快速赚钱最好的办法就是慢慢累积。价值投资是喜欢熬时间的，只有大方向确定，投资标的没错，慢慢累积财富，最终的收益一定是惊人的！投机和赌博不具备这样的特点，讲究的是快速和刺激，并没有对成功概率做严格的要求。所以，我们价值投资者对于一两年持股不涨看成常态，但好的企业、好的形势以及内在的能量是不断积蓄的，俗话讲："三年不开张，开张吃三年"，只要对国家和优质企业有信心，复利收益是早晚的事。我们应对的办法就是：不断买入优质股，不断累积它们的股数，用股市之外的现金流或分红增加股数，"持股守息，等待过激"，我们赚的就是耐心的钱！

三、只有坚守常识才可顺水顺风

从不断深入的分析、实践、思考和升华中，我们发现坚守常识是最重要的投资准则。下面我就罗列投资中遇到的最基本常识。

常识一：涨跌本自然，长期方向最终还要顺应基本面

市场价格波动有时候相当剧烈，但是价格上的"峰与谷"，其实与基本面的"好与坏"可以做短期的脱离，但是股价长期方向

最终还是要顺应基本面的。面对优质股，如果我们试图躲开一个谷，那么有可能也错过了之后的许多峰；如果我们买入平庸企业的股票，如果试图抓住一个峰，那么极有可能也跌进了之后的若干个谷。峰与谷，好与坏，我们的认识，必须抓住事物的本质，不能仅看表面的涨跌和冷热。

常识二：复利维系，需要好上加好，精挑细选才是真的好

价值肯定不会迟到，但是就怕复利收益因为时间成本而变得非常稀薄。所以选股还要有多重逻辑，能够确定在未来实现利润的概率大小。只有估值成长的确定性外加一些多重逻辑因素才具有最大把握。因此，好上加好，才是真的好。一生的投资中，年度的辉煌可能谁都会经历过一次、两次，其中肯定会有幸运成分。但这一生的辉煌，可能就需要有最确定的标的来完成，其中实力就会占绝大多数部分，这里的实力就是靠不断学习、不断精进所获得的能力。

常识三：学会与大众逆向

泡沫出现的时候，一定是大家情绪最乐观的时候，一定是大家都不准备马上离开的时候。只要上涨，减仓便是难事，一定是今天想拖到明天，明天想拖到后天。大家一致看好果断买入的时候，总是该小心的时候。

买有买的理由，不卖有不卖的理由，但谁知道自己的理由是不是最佳的策略选择？这就说明投资是一种艺术，对于艺术来说，仁者见仁，智者见智，最终检验能力的是长期的投资业绩。但是有一点，学会逆向思维总是会有好处的，因为用逆向思维获胜也是一种投资常识。

常识四：投资成功需要多方面素质培养，多学习会有好处

投资路上，即便有高人指路，想要投资成功，也未必成行。因为人与人之间，信与不信是个问题；即便是全信，即便可行，也未必就有坚韧不拔的毅力完成此行，能"做到"又是一项更艰巨的任务。投资成功需要多方面素质，因此就需要全方位修行。

常识五：与最优质企业和最优秀的人在一起

企业价值衡量是一个综合的素质考验的结果，并非需要准确地划分边界。比如，非得要叫成长价值或非得要叫烟蒂价值。其实综合来看，价值就是能促使企业市值向上不断拓展的能量，而并非简单的市场价格与短期内在价值的差额。如果市场价格数年、数十年不断上涨，企业市值也不断扩大，一定是企业获得了价值提升的秘诀。

这个秘诀就是：企业大多处在好赛道中，并且企业已经具备了宽广的护城河。我们打开复权年线图看看，这样的企业持续十几二十年市值不断扩大，市场价格的低点和高点不断抬升。这才是我们首选进入股票池的投资标的。为此，我们一定要抓住它们，一定要与最优质企业和最优秀的人在一起。

常识六：控制情绪的最好办法是深刻理解价值内涵，并充分信任常识和大规律

明白价值投资理念不难，该知道的大多数价值投资者都已经知道。但是，市场上冰火两重天的时候，最考验人的定力，容易让即使是深谙价值投资的人逐步走偏。面对大涨和大跌，大家总在猜测是不是有什么我不知道的事情即将发生。上涨了，大家信心满满地认为有更多的利好；下跌了人们心情一落千丈，认为有更恐怖的事情即将发生。

其实，该知道的我们都已经知道了，都是一些常识和大规律而已，不管市场有涨有跌，有热闹的有冷落，但是最终逃离不开好行业、好企业，以年计算，未来会不断地市值上升。"好股、好价、熬时间、酿财富"，就这么简单的规律，但绝大多数人半信半疑，坚持不彻底，导致长期复利损失。

第四节　做减法，累积优质股股数

人们习惯于股市涨起来一些就说牛市，跌下去一块就说熊市。

自从大家听说"北上资金"以来，市场大扩容之后，未来的资本市场整体的牛熊市判断标准将会越来越被淡化，整个市场被搅乱成碎片状。用简单的牛熊市思维来看待市场，可能越来越难赚钱了。以后的牛可能也是结构性的牛，以后的熊也可能是结构性的熊。所以我们要积极研究个股，选取最贴近生活、贴近民生、贴近硬实力发展的成长赛道，选取最优质的行业龙头，积极跟踪个股的估值变化进行组合投资，一定要忽略整个市场的指数性变化。深度价值投资在此的重要意义是，我们深度挖掘那些具有好未来的行业，锁定其中最优质的企业，才能在未来的投资中领跑于指数。

我们看，未来顶级富豪无非是拥有顶级企业股权、优质股数最多的人。他们有可能是顶级企业的创始人，也有可能是顶级企业的参股人。那么，这就给价值投资者指明了方向：一定要想尽办法更多地拥有顶级企业的股权。

投资一开始是碎片知识的积累，然后是自己投资系统的建立，随之而来就是开始做减法。因此芒格说只有40岁才可能真正开始做价值投资。意思就是如果自己不经历很多，也不可能明白什么是真正的价值投资，也不可能下决心开始做减法，回归最初最简单的"买股票就是买企业"的简单思路上。

随着市场的持续或涨或跌，很多人会条件反射地想到："有什么消息？如何把上涨利润拿得更多些，把下跌躲得更彻底？"如果对企业进行定性分析，我们买入的时候就要做好各种大幅波动的准备，遇到它们的时候无论有什么短期消息也不用在乎。市场恐慌的时候必然有恐慌的道理，所以说下跌了大众肯定是不敢买，上涨了肯定是不愿意卖。但在我们成熟的价值投资者来看，大多数大众一致性看法都有可能是错误的，提前准备好交易条件或持股不动的策略，不为短期的市场波动所影响。

图 5-1 是伟星新材清爽成长的年线图，但分解到月线（见图 5-2）、日线（见图 5-3），甚至是阶段日线（见图 5-4）就不那么简单了，再配合当时的短期消息和宏观利好利空，我们就会思路万千，一定会把一个十几二十年的牛收益给弄得稀巴烂。所以我们只有胸怀企业发展的长远趋势，才有可能长线收益丰厚。

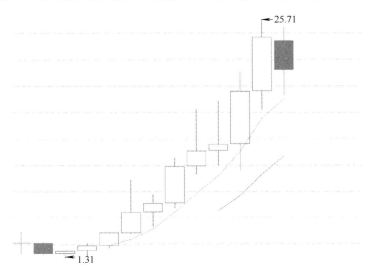

图 5-1　伟星新材清爽流畅的年线图

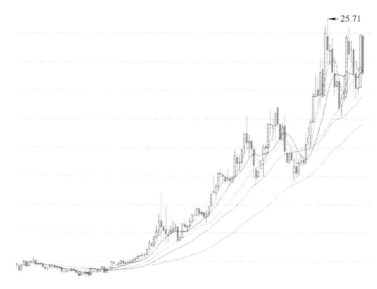

图 5-2 伟星新材稍显波动但依旧流畅的月线图

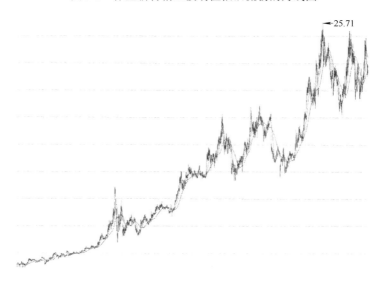

图 5-3 伟星新材复杂煎熬的日线图

第五章 顺：理顺系统、心态和周边环境

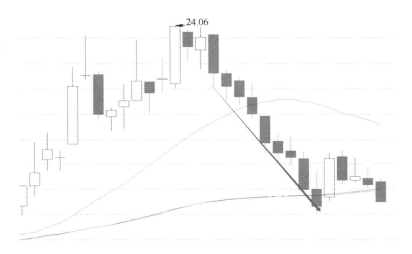

图 5-4 伟星新材轻率绝望的阶段日线图

作为成熟的价值投资者，大跌之后正常反应是："查看自己现金流，计划如何在更低的价格且最有未来的企业中不断潜伏；无视市场的恐慌，兴奋地逐步推进买入计划，显得非常与众不同。"大涨之后的反应是："查看企业估值与未来发展的性价比是否严重失衡？是否严重高估到有确定性未来能以更低价格买回来的机会？最终的要求是：能不动尽量不动！"

随着对于价值投资理解得愈发深刻，就越觉得不要让经年累月的涨跌煎熬，磨平最初的价值梦想。价值投资就应该是自己最初的想法："买股票就是买企业"。当我们想索取更多的时候，自己的欲望都在膨胀，这会让自己不断地进行无用的学习拓展，不断填满各种各样的知识；但知道的杂七杂八的思想越多，就越难持续坚持价值投资原则；当我们觉得价值投资思想升华的时候，

也有可能被简单懵懂挟持得越发动弹不得，最终我们只了解财务数据的价值投资，却荒废了对基本常识的恪守。

我比较笨拙，到了50岁才认可自己逐步懂了点价值投资的精髓。这时候才明白，原来升华后的思想精髓和我最开始了解的巴菲特的投资思想是一样的。做了20多年投资，升华之后又回到原地，所不同的是经历了很多，憨憨傻傻的执拗，变成理念自信，尊崇价值变成了日常习惯，与人争辩变成了自我修炼，策略越来越精简和纯粹了。

我们平时研究投资，"低头看路，抬头看天"，应该还有很多空闲时间留给平视，注意留心身边美丽的风景。价值投资本应很简单，难的是想和做如何减少差距。价值成长融为一体，不要让经年累月的涨跌，磨平了自己最初的价值梦想。

因此为了能简单地、知行合一地坚持落实，我们要做好以下六点。

（1）精练投资经。

（2）沉浸到企业研究中。

（3）由家人和好友监督。

（4）记笔记（自媒体），记录自己的思想进步。

（5）做好投资计划，最大限度减少交易。

（6）树立远大志向，要有大的野心，不去贪恋小收益。

第五章 顺：理顺系统、心态和周边环境

第五节　跳出股市去学习、思考、游历

我在网上看到了一个话题："年轻人不可能靠炒股实现财务自由"，当然我们这里理解的"炒股"其实就是股票投资，如果真是"炒"的话，实现财务自由的概率确实微乎其微。我的看法是：什么事都没有绝对的。我见过有年轻人一开始就做价值投资，一开始就不频繁交易，后来获得了不错的收益。长此以往，财务自由并不难。

年轻人机会有的是，就看你的恒心、毅力和运气。我做股票就是从20多岁开始的，不断地学习升华。我在这26年里，基本依靠一股一股地买入并坚守获得了养家糊口的能力，累积了一定资产，并且写了两本自己关于投资心得体会的"札记"。

除了继承家族财富的人，哪个实现财务自由的，不是从年轻人过来，不是自己做生意、做投资得来的呢？这里的重点应该是：年轻人不论做什么应该敢于学习，敢于尝试，不断思考；应该勇于披荆斩棘，找到自己做生意、做投资的正路。如果年轻时不行，年纪大的时候更不敢尝试，到那时敢于试错的勇气就大大减小了，更会谨小慎微地保守于一定的资产收入。

长期来看，投资成绩的好坏，不是大家在认知上有多大的差异，而是执行能力上的差别巨大。业绩平庸的年轻人，一般都懒

于学习，抱着侥幸心理，希望能快速暴富。很多人对一些股市投资上的错误都是明知故犯。很多人明知企业不错，未来有前途，但就是因为短期涨幅不理想而卖掉，他自身也知道自己这种行为是错的，应该有耐心持有好企业，但就是克制不住自己。

大部分投资者无法找到投资要点，其根源就是以下四点。

（1）大多数投资者无法控制自己的性格弱点。

（2）受周边环境影响太大。

（3）股市阅历不够，思考不足，眼光太短。

（4）学习思考不够深刻。

做到知行合一地执行价值投资理念，抱拙守一具有极大的困难性。长期的大赢家一定是在能够把控好自我的前提下，做到斩断错、误果断坚决，不断完善，快速矫正。将好的投资思想坚决贯彻，这种果敢知行合一的人，才会在未来的投资道路中远远地超越普通投资者。

巴菲特的成功就得益于他年轻的时候就明白了很多投资真谛，在于其老师格雷厄姆的正确引导。虽然年轻人快速领悟致富要诀的难度很大，但起码走到正道上来，去做长年累月、孜孜不倦的学习，方向正确了，成功就只是时间长短的问题了！因此跳出股市增加自己的学习、思考、游历。

第六章

悦：做最好的自己

第一节　投资三境界

投资的三个境界：第一境界是投资金钱，第二境界是投资人生，第三境界是投资思想。低级的快乐靠放纵肆意就能完成，高级的快乐靠自律守规才能完成，顶级的快乐必须靠煎熬隐忍才能完成。就此推演，低级的投资是金钱流转的游戏，高级的投资是人生观和价值观的体现，顶级的投资是哲学思想的终极认识。

股票投资最终成为一种自然而然的思维方式，当投资带来的是宁静、平和和愉悦，而不是患得患失或者紧张刺激时，也就是股票投资的自我修炼到达一种较高的境界，投资成功也就是自然而然的事情。我们想要投资成功，并不见得需要具有非凡的商业远见、较高的智商、更多的内幕消息和快速的反应能力，仅需要的是一个能帮助自己做出决定的、对大规律常识有清醒认识的大脑，以及一种排除干扰保持平和、稳定情绪的能力。

投资的本质是在做企业的价值投资，买股票相当于买入企业。所以说，这就是对企业信任的问题，如果我们充分了解这家企业，研究出它的护城河和企业未来发展的长期趋势的话，就会对企业股权具有长期持有的信心。

投资的本质就是对于好的、有生命的东西投入信任，投入信心，最后收获物质或精神财富。这是最高的投资境界，就是对自己投资思想的投资,最终需要上升到哲学层次。每当总结出来,大众都以为它们是"鸡汤",这就对了。因为大众对投资不会有深刻的认识,所获取的收益很平庸,最主要的是他们没有耐心反刍思想的营养草料。

不会总结投资的人,以为投资是在玩金钱游戏。其实投资一定"要少看盘,多看F10",研究企业的发展思路,也就是端正自己与企业同频的投资人生,才能有一层上升的境界。很多初次进入股市的朋友,经常会看每天的价格变动。而从来不会打开F10(企业简况、资料、财报、新闻等)看看企业的经营活动,看看投资者互动平台,看看管理层定期的评述,研究一下券商的报告和企业财务报表等。虽然看F10做基本面研究的策略都是慢功夫,但正是这些慢功夫,才是未来获得滚滚复利收益的源头。我们要想真正做到手中有股,心中无股,必须认真让自己融入企业当中去。

我们第二境界说的是投资人生,其实人生就是一笔投资,正确的人生观会带来好的投资,好的投资也需要"一慢二看三通过",等我们把投资不看成单纯的金钱游戏,而当作一次人生观和价值观的大考验时,踏踏实实认真选择标的,做长线准备,就不会有太差的投资结果了。

我们用股权概念来解释深度价值投资核心思想,所以寻求价值深度不仅仅是浅层次的赚钱思想。我们拥有优质股权就会眼光长远,忽略短中期波动,站得稳、抱得牢,收益自然会很不错。

这样的好办法，如果与人生观和价值观和自己不一致的朋友说起，就如同对牛弹琴。比如2021—2022年的核心龙头消费和医药企业的下跌，使很多人仓皇出逃，在他们眼里，一切都是大资金运作的结果，不跑不跟风可能就会出现巨大的亏损。但如果我们打开全指医药和全指消费指数看看，大幅下跌总会是最好的布局时期，而不是落荒而逃。这种看法的迥异，并不是区别在表面上的一时半会儿的个人利益、风险诉求差异，而是思想的本质差异。

为什么长期的确定性能比短周期更靠谱呢？因为大多数的投资常识和规律，是人们经过长期实践总结的，在时间考量上，略掉了短期的因素和一些突发的不确定的因素，寻找到的规律是一种长期的规律。所以，在较长时间内往往使用这些规律有很大的确定性。所有的坎坷为经验累积的必需，经验教训的总结也是一种财富累积。乐观积极地努力学习提升，思想的不断升华更是一种财富的累积。最终，"持股守息，等待过激"的"坚持"，就会成为自我投资升华中的一道最美丽的风景。

第二节 忽略市场，投资过程越快乐，越容易有收益

我在微博上看到转载："这世界诱惑太多。当你做一件事时，总有人事来扰乱你的心神。或是家长'有什么前途'的抱怨；或

朋友们'你怎么和大家不一样'的数落；抑或自己内心关于未来的纠结和挣扎。然，同样的事，有人成了翘楚，有人成了逃兵，有人终成大器，有人一事无成。当你摇摆不定、裹足不前时，请相信'专注'的力量。"

用大部分时间忽略市场，细心阅读财报信息以及投资理念的感悟，从其中发现投资快乐，才是投资升华的最佳旅程。作为深度价值投资者，我的总结是："长线持股，以股权思维而不是简单的'赚钱意识'来看待投资，投资过程越快乐，就越容易有收益。"而大多数人离市场太近，亦步亦趋地跟着市场波动，几乎就永远处于"韭菜"的地位。风格转换，大家倾向于从白马股和核心资产里出逃，去寻找未来的黑马，结果就是在未来若干年后又会看到：白马依旧是最亮的白马，而更多人却深陷风格转换中的臆想黑马里难以自拔。

皇冠上的明珠（核心资产）的长期复利水平大多数人是无法比拟的，其中原因就是很多人不懂得长线投资，总想若即若离，或是在别处寻找超越白马的黑马。其实每过一定时期回过头来看，动还不如不动，聪明还不如愚笨。

企业的未来是由其商业模式和行业地位决定的，所以对待企业研究一定要从定性分析开始。价值投资不是只有PE（市盈率）一个符号，不能做机械式的价值投资，价值是未来现金流的折现，市盈率只是对现在的估算。可是一旦做出买入的动作，一切就要交给未来了。

为了自己不必被某一只黑天鹅所累，做一个优质股组合是必要的。再好的企业也有让人闹腾的年月，组合的功能不仅仅是平滑业绩，也是平衡可能凌乱的心态。企业定性分析很重要，除了让我们看清企业未来，还能坚定自己的长线持有信心，熬过每一个业绩停滞回落的闹腾年月，获得不错的收益和不错的快乐体验。

对于投资者来说，不见得是独断专行，听不进各种建议就是一种最高的孤独境界。对投资孜孜不倦的追求，学习各家所长，努力抽丝剥茧，执着地寻求投资现象背后的逻辑真相，这才是一种比较高的境界。

有朋友说："价值投资好是好，就是获利太慢。"我会问："因为获利太慢导致的烦躁，也许是人们无法做好投资的重要因素之一。如果有确定性快速致富的方法，谁愿意慢慢来？"我们说的"少即是多，慢即是快"，主要是为了确定性和持续性，是在确定了我们没有快速致富能力基础上的最佳选项，慢下来投资，才有可能快乐地投资，越快乐，越容易赚钱。

第三节　信任和陪伴是决定能否成功的重要素质

我经常会想："穿越回 50 年前遇到巴菲特，将怎么致富？"我会用两个字来回答："信任"。要么信任巴菲特所买的股票，自己也一样购买持有；要么就信任巴菲特，成为巴菲特的客户或是

第六章 悦：做最好的自己

后来购买伯克希尔的股权。总之，在投资路上要想走得远，与最优秀的企业和人在一起，信任二字不可缺。

我之前也曾经预测过成长，然后过早离开了最有前途的企业。2004年贵州茅台160多亿元市值的时候，我们一群职业投资者在畅谈讨论茅台1000亿元市值是不是到顶了？结果2021年茅台到了2万亿元市值，在这百倍的旅途中，大多数人没有全程跟上，最根本原因就是对优质企业缺乏信任和陪伴的勇气。我发现优质企业尤其是行业的龙头，不要轻言成长的天花板，因为基于创业的眼界和宏观长期视角来看，我们不配预测：好企业和好赛道的成长持续足够长和成长量级足够大，其中也隐含一部分应对通胀的因素。

我们会发现，一些有野心的企业，如果它们足够强大，不仅有钱有资源，还有优势地位，产品的升级、产品矩阵的打造、产品价格提升以及并购拓展的成功，足以让其市值持续数十年不断增长。大多数人其实无法测算出这些龙头企业的成长天花板，所以我们不配预测，只配跟随。好在就算我们能跟随企业一起发展，也是遇到如天上掉馅饼一样的机会。这是事实，因为我们和优秀企业的管理层所占的位置，所具有的经验、学识、天赋都不同，我们不可能像他们一样很专业地抓到行业未来的发展机会，又像他们一样具备行业资源和行业远见。

"追随最优，求得财富"。人们最大的快乐之一是有追求，人的心不安、心不静的终极原因是随着时间的流逝会使人慢慢老去，这点与财富无关，在人生追求的路上可以麻醉自己。追求什么可以带来最长久的快乐呢？答案是财富和健康，这两个才是最大的成功。这么看，其实人最大的快乐就是有追求，而价值投资就是我们财富路上的快乐追求。

持有企业很无聊，我们该怎么办？真正好的投资，面对市场其实没有寻求刺激、排解精神空虚之功效，感到无聊是正常的，但乐趣却在市场之外的企业研究跟踪里。投资的主要目的是为了获取企业发展的红利，当我们回顾过往数十年投资的时候，如果自己的资产有满意的复利增值的话，那么这么多年的无聊就变成有意义的事情了。拿住企业很无聊，但是认真地研究企业并跟着企业不断成长，却是一件非常有意思的事情。投资其实就是在助力生命的勃发，这才是投资的终极意义，在这个过程中还可以获取持续的快乐。

如果我们真正懂得了复利收益来自企业的成长发展，那么也就明白了投资的长期利润来自对好企业的信任和安静的长持陪伴。太多人获得不了满意的收益，无法做到投资成功，不是他们认识不到这简单的投资道理，而是在与人性做斗争中，他们甘愿永远处于下风。这个花花世界，诱惑实在是太多，太考验人的意志力！

第四节　战胜自我：设定高目标，不断努力在路上

好的投资方法是适合赚钱的，不是为了适合某个人！我们投

第六章 悦：做最好的自己

资认识是基于常识，但是就是因为常识，可能会被大众所忽视。很多人不肯踏实学习投资知识，却想当然以为有一种盈利方法可以自然地适配征战股票市场的自己。比如有些投资者说，银行股、地产股等比较适合自己；有些朋友说短期热点适合自己，还有的说自己喜欢短线，长线投资不适合自己！

价值投资向深度价值投资逐步升华，主要是做减法。到了这一阶段，不像一开始学习价值投资的时候不断地吸纳各位投资大师的优秀品质和策略。到了价值投资迈向成熟的阶段，主要做的是开始精简自己的理论，构筑自己的投资体系，这种减法渗透了整个投资的过程。比如，自己的股票池规模缩减到以往的一半，自己的选股精益求精，自己将价值的理解归结为成长和价值相互融合，自己的组合里的持股品种也在不断地减少，重仓股不断突出。然后组合管理也非常省心省力，交易越来越稀少。

这个过程是让自己适应最赚钱的方法，而不是相反。每当我听到有投资人说："要寻找一个适合我自己的投资方法"时，我就感到很纳闷。最好的投资方法应该是客观的，投资方法和投资策略从战略上讲，并没有按照个人定制。虽然在投资策略的细节上可能各有不同，每当谈投资方法的时候，我们的衡量标准不是这个方法适合赚钱吗？难道还有不赚钱的好方法吗？是我们要逐步升华，去贴近赚钱的方法，而不是让方法逐步适合我们。

总结：投资方法不是适合你，你才用，而是因为适合赚钱才用；适合赚钱，但不适合你，你就必须不断地努力学习，没有别的办法。我们根据信任和陪伴最优质企业的基础理念设定我们的目标，即不断增加优质股股数。

我们大多数人除了在股市里寻求满意的复利收益之外，还是想在股市里安静地实现自己的财富理想和股权抱负的。所以，我们要拿出"十年育林"的耐心来精心选择好企业，耐心守候好企业，享受这个慢慢成长、释放、爆发的过程。没人能拿走自己的利润，除了我们自己。那么，我们就一生安静享受吧，这才是自我的博弈！

第五节　哲学意义：长期投资者的贡献

意义之一：择优而行，"逆袭"破圈

"孟母三迁，择优处之"，择最优相伴，做人和做投资的道理都是相通的，我们选取最优秀企业作为长期投资标的，锁定已经或正在构筑行业护城河的企业。如果企业已构筑稳定的护城河，往往市场不会轻易给予超预期的低估价格，但能获得合理价格足矣，这是我们常态的布局部分。但更重要的是，研究好行业中的那些正在构筑护城河的企业，这些企业容易获得超乎寻常低估的价格。我们在组合配置当中对成长的、成熟的都进行布局配置。

第六章 悦：做最好的自己

意义之二：不经历风雨，怎能见彩虹

学会与困境斗争，煎熬是常态，关键靠信念支撑，习惯波浪和螺旋式上升。不管是市场冷落还是周边环境原因，在股票市场上投资遇到挫折和困境是正常情况，并且价值投资欢迎优秀企业的困境时期，能低廉的价格买入优质企业是很难得的。

困境反转依靠的是常识和大规律，靠的是对企业做严格的定性分析。困境反转的企业，其实都是受到短期软伤害的企业。我们如果等着它愈合，然后向上发力，会一样经历疼痛，需要我们有巨大的承载力，忍人之所不能忍，才能收获更多的财富。人生也是如此，遇到困境和挫折本是自然，走出泥沼也需要强大的信念支撑。因此，做投资可以更好地让我们懂得人生的意义。

意义之三：化繁为简，效率倍增

躲开消极无用之事，避开"垃圾人"，节约时间，提高效率，保持理性，专注常识和规律。市场信息纷繁复杂，影响投资的因素有很多。市场疯狂下跌就和当初疯狂上涨一样，其实很多情况是无厘头的，没有理性可言，大家自己或者是观察别人在很多情况下的买入，就是因为别人短期快速而疯狂地挣钱了；在很多情况下的卖出，就是因为自己短期快速亏钱了。

所以并没有理性的市场"先生"，短期市场涨到哪儿、跌到哪儿，就是背后的资金或持股者情绪宣泄的反应，短期市场是投票

机。但是从长期来看,分量重的企业,它们的市值还会不断地扩张,所以市场长期来看是称重机。

意义之四:学会感恩,懂得回报;"与国共荣,与股共融"

2020—2022年对我们做股票的投资者相对来说是幸运的。当居家办公开始后,很多行业都有部分时间停摆,有不少企业遭受损失。但是那么多上市公司还为我们撑起了这两三年的收益,不是岁月静好,真的是有不少人在为负重前行。

在起起落落的时候,我们选择优秀企业因此有一些收获,未来也是如此,国家昌盛是我们的投资基础。所以我们一定要珍惜手里优质企业的股份,真正做到与国共荣,与股共融。

我们个人的生存发展与国家兴旺、与优质企业的发展息息相关,在共同发展的基础上,个人要学会感恩,要学会回报社会。

意义之五:充实自己,兴趣即工作

在股市的时间长了,就发现价格涨涨跌跌真的没有什么意思,所有的辉煌和惨跌都会随风而逝,不管得到了还是失去了,要坚持正道。股市确实能支持人一辈子的生活,如果在此期间不断记录自己的思想变化,记录自己的成长,才很有意思。所有的投资工作是为了充实我们的人生,兴趣即工作,也是我的幸运。

也许,做投资的更大价值是让我们真正懂得人生的意义。

后记　珍惜投资——每个人最好也是最后选择的职业

我们在讨论长线价值投资如何积累财富的时候，有网友表示，钱不就是用来花的吗？30岁不花等40岁，40岁不花等50岁，然后呢？积累一堆钱等80岁吗？人生的意义在于积累吗？这看似合理的质疑，其实有很大漏洞。

如果人生的意义在花钱的话，那么我们需要有更多的钱来花才更有意义，那么最终还得需要有赚钱积累的本事。如果人生的意义在于获得快乐的话，那么积累财富、忙起来赚钱也可能是一种最快乐的人生体验，也是一种最快乐的生活方式，而且更可能是获得持久持续快乐的方式。

如果单一地把花钱作为人生目标的话，那么我们一定不会拥有更多更持续的花钱机会，同时还失去了坐拥大量资产提升和努力工作的繁忙中的快乐。没有持续累积，我们就不会安安心心地去做自己想做的事了。

还有朋友说，即便是钱多了，人没了，有什么意义？我说，不管钱多钱少，人总是会没的，这不是钱能够决定的事情。但是钱多了，这一生大概率还是快乐多一些，而且财富累积到一定程度，能够自主决定自己的后半生过怎样的生活，这就是所谓的财务自由，就是财富能让我们有更多的选择性自由。

我们经历过一段岁月，到了一定年龄，就会明白，人生安心、静心、开心地活着，比寻求刺激更加难得。能让人安心快乐地过一生，除了健康外，就是财富，两者之外更加有意义的就是与志同道合的人分享！

每个人不光在一生投资金钱、时间、经验、情感，等等，还能获得很多美好的回忆，所以投资应该是每个人最好的职业，因为它的核心是"跟随"，让最优质的企业为我们普通人创造财富，相当于为我们"打工"。

股票投资的门槛很低，我们可以在几乎任何成熟的年龄段安排施展我们想要的投资想法，因此投资也会成为人们最后一个职业，不仅仅是看着市场行情起起落落，更多的是完成了我们一生中的很多心愿。那些我们曾经紧握的企业就像我们的孩子一样，在我们眼前不断地成长壮大，这才是真正的生命乐趣。由于投资拓展了我们的视野，丰富了我们的思想内涵，似乎拉长了我们的人生旅途，价值投资让我们每个人获得了人生自我价值的重大提升，在不断累积财富的同时，也带来了人生更多的欢乐。

张延昆